戴维·伯明翰 著
周巩固　周文清 等译

转 动 罗 盘
葡萄牙史

David Birmingham

A CONCISE HISTORY OF PORTUGAL

中国出版集团
东方出版中心

图书在版编目（CIP）数据

转动罗盘：葡萄牙史 /（瑞士）戴维·伯明翰著；
周巩固等译.—上海：东方出版中心，2020.6
（新知史）
ISBN 978-7-5473-1643-6

Ⅰ.①转… Ⅱ.①戴…②周… Ⅲ.①葡萄牙－历史
Ⅳ.①K552.0

中国版本图书馆CIP数据核字（2020）第086231号

上海市版权局著作权合同登记：图字09-2017-251号

This is a simplified Chinese edition of the following title published by Cambridge University Press: *A Concise History of Portugal* by David Birmingham，first published 2003.
All rights reserved.
This simplified Chinese edition for the People's Republic of China(excluding Hong Kong SAR, Macau SAR and Taiwan Province) is published by arrangement with the Press Syndicate of the University of Cambridge, Cambridge, United Kingdom.
© Cambridge University Press & Orient Publishing Center 2016
This simplified Chinese edition is authorized for sale in the People's Republic of China(excluding Hong Kong SAR, Macau SAR and Taiwan Province)only.Unauthorised export of this simplified Chinese edition is a violation of the Copyright Act. No part of this publication may be reproduced or distributed by any means, or stored in a database or retrieval system, without the prior written permission of Cambridge University Press and Orient Publishing Center.

转动罗盘：葡萄牙史

著　　者　戴维·伯明翰
译　　者　周巩固　周文清　等
责任编辑　赵　明
封面设计　陈绿竞

出版发行　东方出版中心
地　　址　上海市仙霞路345号
邮政编码　200336
电　　话　021-62417400
印　刷　者　山东韵杰文化科技有限公司

开　　本　890mm×1240mm　1/32
印　　张　6.625
字　　数　142千字
版　　次　2020年6月第1版
印　　次　2020年6月第1次印刷
定　　价　36.00元

版权所有　侵权必究
如图书有印装质量问题，请寄回本社出版部调换或电话021-62597596联系。

目 录

导言 / 1

第一章　人民、文化和殖民地　/ 1

第二章　17世纪的反抗和独立　/ 25

第三章　18世纪的黄金时代和大地震　/ 57

第四章　巴西独立和葡萄牙革命　/ 89

第五章　资产阶级君主立宪制和共和党　/ 120

第六章　独裁统治和非洲殖民帝国　/ 149

第七章　民主和欧洲共同市场　/ 173

阿维斯、贝贾和哈布斯堡家族世系表　/ 192

布拉干萨和布拉干萨-萨克斯-科堡家族世系表　/ 193

葡萄牙共和国历任总统　/ 194

译校说明　/ 196

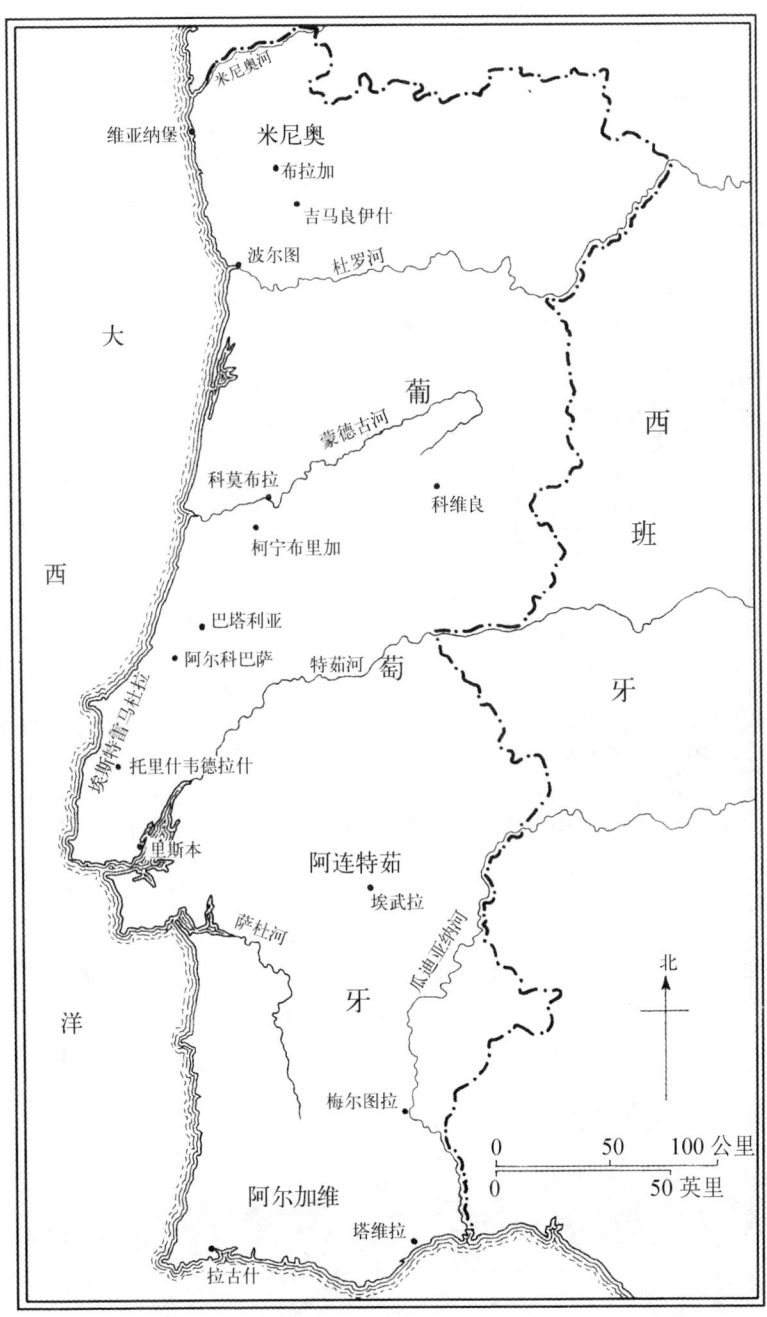

地图1 现代葡萄牙

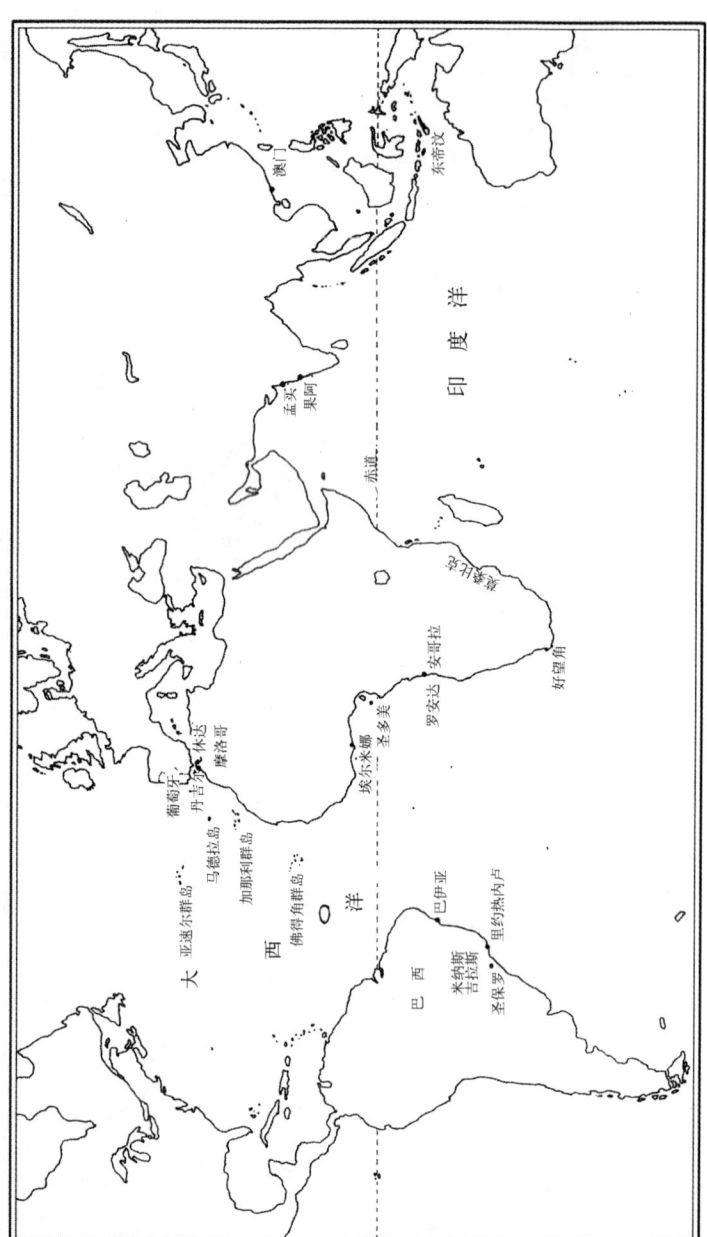

地图 2 葡萄牙的海外殖民地

导　言

葡萄牙是世界上最擅生存之道的国家之一。它只是一个很小的国家，人口从 100 万缓慢增长到 900 万就耗费了它 800 多年时间。在那段时间里，它在欧洲范围内获得了一种政治和文化上的自决权，也通过殖民扩张、海外移民和贸易，在世界各个角落留下了自己的印迹。与更为繁荣的加泰罗尼亚不同，17 世纪时，它成功地挣脱了西班牙的统治；与同样富有生机的苏格兰不同，18 世纪时，它并没有因为英国的经济资助而沦为其政治附庸；与那不勒斯和巴伐利亚那些中庸王国不同，在伟大的 19 世纪欧洲大陆帝国大统一中，它并没有被兼并；与德国和意大利不同，无论是在第一次世界大战期间还是在第二次世界大战期间，它都没有丧失其非洲殖民地。也不像诸如爱尔兰和丹麦等农业国，直到 20 世纪 80 年代，它依然处在欧洲经济共同体之外。

但是在近代历史上，葡萄牙不仅仅是一个顽强的幸存者，在欧洲的许多历史进程当中，它还是一位先驱者。中世纪的葡萄牙基督徒，在来自英国雇佣兵仅有的一点帮助下，与葡萄牙的穆斯林进行着血腥的斗争，终于在 13 世纪控制了欧洲的西部边缘。葡萄牙人还建立起欧洲第一个"现代"民族国家，它的边界自从阿尔加维（Algarve）

古老的穆斯林"西部王国"灭亡后一直没有变过。一个世纪后，他们在大西洋的岛屿上首先践行了海外殖民这一概念。到16世纪，他们已经发现了通往亚洲的海上航线。葡萄牙的香料帝国也许是短命的，但为紧随其后的荷兰和英国这类庞大的贸易帝国打开了通路。在美洲，葡萄牙对巴西的征服在面积上要远远超过后来构成美国的13块英属殖民地。此外，从巴西高原流入葡萄牙的滚滚黄金也成为推动18世纪欧洲工业革命的重要原料。

葡萄牙不仅在海外拓殖上引领潮流，还是在欧洲探索新社会组织形式的先锋。葡萄牙自由主义者试图将国家从极端教权主义中解放出来，并为实行民主和人道主义铺平道路。葡萄牙也是旧世界中最早采用法国共和政体模式的国家之一。但与此同时，葡萄牙不得不竭力维持它并不宽裕的处境。17世纪时，为了保卫独立并收复大西洋上的殖民地，葡萄牙国库一直因海军的需求而吃紧。18世纪时，公共建设工程中的纪念碑项目开始动工兴建，著名的王室宫殿群也开始兴建起来，这远远超出了一个小型农业国的建筑需求。19世纪时，依靠非洲奴隶贸易最后阶段的盈利和数以百万计新世界移民的侨汇，有教养的葡萄牙中产阶级才得以维持维多利亚式的优雅生活。关于一个如此小的国家是如何在千百年间取得这般巨大的成就，有许多问题留待历史学家去解决。

对经济现代化的追寻是葡萄牙现代史中萦绕不去的主题。从葡萄牙独立最初，也就是1640年反抗西班牙统治斗争爆发的时候，葡萄牙就一直在经济上与它的海上保卫者英国紧密相连。因此毫不奇怪，它渴望在经济活动上效仿英国的增长和多样性，尤其着力于摆脱"欠发达"的困境，这种困境老是迫使葡萄牙提供原材料而买进工业制成品。发起一场工业革命的尝试在四个不同的世纪里经历了四次，每次都取得了不同程度的成功。17世纪时，独立战争刚刚结束，地主和市民就陷入了一场是否发展羊毛纺织业的激烈斗争。最后地主取胜，市民的兴趣被导向了在巴西新发现的机会上。一直到18世纪晚期，巴西金矿枯竭，工业化才再次成为葡萄牙政府需要考虑的一项急务。然而，制造业无法同作为外汇来源的高档酒类贸易相竞争，而且，葡萄酒贸易在巴西矿业衰落之后几乎成为葡萄牙唯一的贸易项目。19世纪晚期，当酒类贸易下滑，国外竞争者开始领先葡萄牙时，葡萄牙开始尝试发动第三次制造业革命——创立国民工业以替代进口产品。机器化大工业的兴起对城市无产阶级的形成至关重要，他们在国家事务中扮演了新的角色，并且帮助资产阶级在1910年宣布共和。但是30年代的世界经济危机和此后一段长期倒退的独裁统治却带来了一个停滞的时代——独裁统治粉饰农民的贫困生活，并且保护一种高度特权的寡头政治。第四次工业化的飞跃发生在20世纪60年代。那时葡萄牙从世界劳动分工中获得了一点好处——那些跨国公司正在寻找最正规、最廉价的劳动力市场，准备以此为开端将工厂从高成本、高度工会化的传统工业生产地转移出去。就在同一时期，国内的工业企业家方才开始利用葡属非洲殖民地，加强与欧洲大陆的紧密联系，建起纺织业、塑料制造业、造船业和其他轻工业。截至1986年，葡萄牙最终加入欧洲经济共同体时，其第四次工业化进程的现代化建设已颇具成效。

要想找到一个恰当的时间顺序来划分现代葡萄牙的历史会得到很多答案。从根本上来说，17世纪是一个民族主义的时代。葡萄牙摆脱西班牙的抗争始于1640年，在经历了一代人的光阴后，终于在1668年被承认。在欧洲早期近代史上，这是一段战争阴云笼罩、争取民族自决权的伟大战争濒临爆发的时期。但是，国家的独立需要得到富有同情心的盟友的认同和保护——而这是需要付出代价的。葡萄牙拥有一份财产——布拉干萨的王室公主凯瑟琳，她带着一大笔嫁妆被送到了英国，而那位更有威望的法国求婚者则被拒绝了。但是，王朝之间的联姻并不足以确保国家的生存和得到英国海军永久的支持。葡英同盟植根于14世纪用酒交换羊毛织布的贸易，1703年，该同盟通过约翰·梅休因签署的著名条约（也有人说这是一个可耻的条约）得到了加强。一些观点认为，《梅休因条约》让葡萄牙变成了英国新的殖民地，但是条约并不像它看上去的那样不平等。虽然付出了一定的代价，但是它成为保护葡萄牙17世纪所赢得的民族独立的一个持久因素。

18世纪的历史被1755年发生的里斯本大地震所牢牢占据，这也很有可能是葡萄牙历史上唯一一个印刻在欧洲民间文化记忆中的插曲了。然而18世纪终究是葡萄牙拼命炫耀财富的世纪：教会、王室和贵族竞相建造镶有巴西金子的小礼拜堂。布拉干萨家族当时被认为是世界上最富有的家族。圣罗克大教堂里的一个小礼拜堂是用珍贵的罗马大理石建造的，在它被拆解运回里斯本一块一块重新装好前，可能还受过教皇的赐福。巨大的马弗拉修道院被建成了不朽的西班牙风格。将水引入里斯本的水渠用接近两百英尺高的罗马式石柱建成。然而，财富在地震后荡然无存，葡萄牙将自己的命运托付给18世纪最伟大的开明大臣——蓬巴尔侯爵。在伦敦和维也纳经历了一段漫长的外交学习时光后，蓬巴尔开始竭力促使这个国家实现现代化。他将犹太人从宗教压迫中解放出来，废除殖民地之外的奴隶制，削弱贵族的权力，鼓励资产阶级的兴起，提高与英国酒类贸易的收益，改革国家的行政与财政措施。

18世纪可分为两个阶段。在第一阶段，拿破仑的军队攻入了葡萄牙。正如他们在之前的危机中偶尔所想做的那样，葡萄牙王室和他们数以千计的随从跑到了里约热内卢——大西洋对岸他们更为富有的领地上。威灵顿的军队迅速起来抗击入侵者，使得葡萄牙晚了10年才接触19世纪新的革命思想。因此,直到1820年葡萄牙革命才得以爆发。就像之前的法国大革命一样,所有的一切都惊心动魄。葡萄牙革命历经了立宪激进主义、反动镇压、内战、人民起义和城市恐怖各个阶段。到1851年革命结束的时候,葡萄牙已经明显地改变了。旧的18世纪中产阶级摇身变成了新贵族。他们的首领解散修道院,分发教会土地,出售王室地产,设立起一系列新的贵族头衔,并为普通民众建立起一个有很高财产和选举权限制的众议院,同时又为王室贵族设立了一个英国式的议会上院。在历经了30年激荡的革命岁月后,新贵族们逐渐开始了半个世纪的政治稳定。

葡萄牙的维多利亚时代处于无所不在的萨克斯-科堡家族①统治下。女王的丈夫斐迪南和他的孩子们都是艺术的赞助者。作为欧洲最好的植物园,里斯本植物园一直被贝德克尔②旅行指南所青睐。上流社会的纨绔子弟纷纷去玛利亚二世歌剧院,既是去看戏剧,也是为了炫耀自己。在铁路时代投资热潮的鼓动下,里斯本与巴黎连通了。在著名工程师埃菲尔的帮助下,这座城市还建起一个缆索铁路、有轨电车和公共电梯的运营网络。通过强有力的公共工程计划,政府所扮演的角色被大大拓宽了。仅有的小挫折是发生在1870年和1890年的葡萄酒价格下跌。葡萄牙希望通过复辟过去的帝制来挽回这些损失。建立另一个帝国的努力——这次既不是在亚洲也不是在美洲,而是在非洲——因为葡萄牙投机性投资者的谨小慎微和在中非怀有敌意的英帝国主义者的野心而被暂时阻挠了。然而,这已经不是发生在葡萄牙大

---

① 前身为韦廷家族(House of Wettin)的一支,因为受封于德意志萨克斯-科堡-哥达公国,遂以此国名为王朝名。后来该分支的数位王子通过婚姻或继承成为多国国王,如葡萄牙、比利时和保加利亚国王等。1836年1月1日,萨克斯-科堡-哥达公爵恩斯特一世的侄子,斐迪南郡王与葡萄牙女王玛丽亚二世结婚,并于次年,他们的长子——未来的佩德罗五世出生后,和妻子并列为王,称斐迪南二世。自此开始了布拉干萨-萨克斯-科堡王朝在葡萄牙共5代君主的统治,直至1910年10月5日被葡萄牙第一共和国取代。——译者注

② 德国著名旅游手册出版商。——译者注

众殖民冒险欲望被激发起来之前的事了。殖民征服能塑造出民族英雄，而殖民的失败也帮着将漫长的维多利亚安定时代推到了尽头。

维多利亚自由主义时代在经历三个阶段后走向了终结。第一阶段，1890年葡萄牙在非洲与英国发生冲突，不得不放弃对赞比西河腹地的主张，使塞西尔·罗德斯①从中得利。国家的颜面尽失让政府声名狼藉，也让王室狼狈不堪。不到20年时间，葡萄牙的共和派——其中既有民主党人也有无政府主义者——于1910年推翻了王朝统治，宣布成立一个自由的共和国。这个共和国与之前的资产阶级王朝相比，既不能从殖民地取得财富，也不能推行一个独立于英国的外交政策，还不能满足日益增长的无产阶级和底层中产阶级的合法需求。它很快也被推翻了，但这一次是被来自军队高层右翼天主教势力的反叛所推翻的。1926年的政变揭开了葡萄牙现代史上第四个也是最后一个阶段。在经历了17世纪的国家重商主义、18世纪的专制帝国主义和19世纪的自由君主制后，20世纪迎来了一个专制保守的时代。

1926年的军队叛乱起先一点也没能增进他们党羽的利益。短短两年内，他们便将政权转交给了一个叫萨拉查的忠实的天主教平信徒，一位头戴汉堡帽的科英布拉大学法学院的经济学讲师。他保证军队的社会特权并继续优待军队，以此来换取其对国家自由地进行独裁统治。这个邪恶的联盟打造出了欧洲早期的法西斯主义，给葡萄牙带来了一个经济严重衰退、政府军管和社会各阶级严重对立的时期。只有在品尝了40年货币主义的苦果后，经济自由才在20世纪60年代逐渐开始。在民主完全恢复之前又经历了10年，直到经历了1974年

---

① 塞西尔·罗德斯（1853—1902），英属南非金融家、政治人物和帝国创业人。——译者注

至 1975 年短暂的革命之后，葡萄牙才被接纳进了欧洲共同体市场体系。

在尝试对葡萄牙历史特点进行某种概括的过程中，很难判断其最显著的特征到底是农村孤立的传统主义还是里斯本城与世界发展之间紧密的联系。葡萄牙曾一度站在联结非洲、欧洲、拉丁美洲这一三角的顶点。通过一系列狂风骤雨般的事件，葡萄牙与主要关联国家和地区分道扬镳，获得了自主权：1640 年脱离西班牙独立；1822 年，巴西独立；1890 年与英国决裂；1974 年，又从非洲撤离。这一孤立程度是惊人的，使葡萄牙隔离于世界之外，几乎晚了整整一代人才接触到法国大革命。尽管葡萄牙的自由精英热切渴望，但是葡萄牙依旧停留在工业革命的边缘。更为显著的是，葡萄牙依然与第二次世界大战造成的转变无缘。爱德华年代的保守主义社会价值观一直大行其道到 60 年代。尽管国家的政治和社会孤立，里斯本和波尔图依旧尽力紧跟欧洲的发展，西班牙政治改革的风潮通常很快就会传到葡萄牙首都。在欧洲对面的尽头，葡萄牙与苏格兰和爱尔兰形成了鲜明的对比。苏格兰由渔民、牧民和农民组成，处在英国经济的统治下，爱尔兰则主要由贫穷的天主教农民构成。两个凯尔特民族都效仿葡萄牙，向美洲派出大规模的移民，三国都给新世界的社会留下了深刻的文化印记。

葡萄牙的文化特征吸引了许多杰出的观察家和学者，既有本国的也有外国的。几个世纪间造访葡萄牙的英国人的观察被罗兹·麦考莱收集成一卷篇幅的绝妙文字，视角诙谐，但不尽准确。查理·博克斯是一位非常卓越的帝国史学家，他的著作让葡萄牙为世界所关注。与他同时代在经济史领域的研究者是马加良斯·戈迪尼奥，其著述的研究起步工作是在法国的流亡生涯期间开始的。另一位有流亡经历的著名史学者是奥利维拉·马尔丁斯，他从美国回来，开创了一个传记研究的新支流。此后，他又开始了跨度涵盖15世纪大西洋殖民到20世纪非洲共和帝国的多卷本历史著作的编定。在1974年革命之后，葡萄牙历史学家得以赶上新的学术潮流，特别是在社会史和工业化史方面。英国学术传统影响了何塞·库蒂莱罗、瓦斯科·普利多·瓦伦特、吉尔·迪亚斯和海梅·雷斯的著作。约瑟夫·米勒和杰维斯·克拉伦斯·史密斯分别在美国和英国对帝国所扮演的角色进行了认真的重估。与此同时，在葡萄牙，何塞·埃尔马诺·萨赖瓦编写的插图6卷本系列史部分地满足了人们对知识的渴望。

自本书第一版问世以来，已有大量的英语、葡萄牙语和法语新作出版。这本书本身也被翻译成了葡萄牙语和西班牙语。在本书第二版中增列了一份新的书目，并对每本书作了几行评论。更需要勇气的是，尽管历史学家应该注意学科界限，不能太过关注当代，新版对1990年以后的葡萄牙历史还是增添了几页新的内容。

在这些新作品中，有一些是大规模、多卷册的历史编纂，是很多葡萄牙革命后最好的历史学家一起协作的产物，他们所呈现的不仅是对葡萄牙及其帝国的新调查报告，也是对过去的认识所进行的修正，而且相当激进，使人耳目一新。这部简史第一版中的一个创新之处就是试图展现出对19世纪自由主义时期和20世纪早期第一共和国时期葡萄牙所取得的社会成就的肯定。这种新视角的微光已经在若昂·马托德的《葡萄牙历史》第5卷中显现出蓬勃生机。他分析了现代葡萄牙历史在整个1926年至1974年独裁统治时期一直遭受的、长期的学术诋毁——这种学术诋毁极大地影响了国外对葡萄牙的许多记述。

新的历史编纂不仅仅挑战了对葡萄牙进行负面评价的陈词滥调，也对葡萄牙传说进行了新的解读。这些传说曾长期支撑起葡萄牙爱国者和政治家的自我形象，甚至至今还发挥着这一功效。整个萨拉查独裁统治时期，亨利王子——就是那位之前在维多利亚时代已经获得英雄地位，被称为大航海家的——被描述成葡萄牙伟大精神的化身。萨拉查的战后政府尽管囊中羞涩，还是花了一小笔钱在里斯本港口的入口处建造了一座巨大的石头纪念碑来纪念他。那些试图去探究表象之下的真相、修正历史谬误的人都被指控为"大逆不道"，但是对冒险和剥削年代的异见观点所受的限制逐渐松动，并最终催生出彼得·罗素的王子传记这一杰作。

当2002年葡萄牙通过采用欧洲汇率的方式加入欧盟时，它的政治家们依旧需要爱国英雄，他们能通过英雄崇拜来保持一种国家认同感。他们特别倾向于钦佩瓦斯科·达伽马。在他率领小舰队顺流而下进行欧洲人第一次前往印度的远征500年后，一座新的8000米长的横跨塔霍河的大桥以他的名字命名了。以下就能说明这位海军上将的历史地位——一位叫贾伊·苏拉马尼亚姆的印度经济史学家曾大声质疑：一群来自葡萄牙这样一个偏僻的蕞尔小国的海员，真的能在3亿亚洲人中掀起经济波动？瓦斯科·达伽马和他的后继者是否只是沧海一粟？葡萄牙政治家起初对此类论调相当不满。然而，从欧洲法西斯主义的废墟上诞生的民主葡萄牙已经懂得尊重开诚布公的争论。因此，那些重新审视中世纪，将葡萄牙艺术和音乐发扬光大，分析本国近期革命根源的新历史学家们，可以有足够的勇气、用有力的笔触去处理帝国伟大的主题。葡萄牙学术因此欣欣向荣。

第一章 人民、文化和殖民地

现代葡萄牙的形成始于 1640 年革命和与西班牙长达 28 年的战争。当然，葡萄牙人的出现比现代国家的形成要早得多，他们的历史也很悠久丰富。事实上，有时中世纪的葡萄牙王国会被描绘成欧洲残存下来的最早的国家组织。葡萄牙社会的文化根源还可以上溯到更远的时候。旧石器时代，伊比利亚半岛西部有人类活动的痕迹，虽然并没有繁荣昌盛起来，但他们至少也给逝去的领袖们建起了专属的巨石墓葬。新石器时代，当地人尝试着开始对动物进行家养或半家养，培育谷物，同时也发展起了海洋捕捞业——这将逐渐成为几个世纪以来营养和经济收益的一个固定来源。葡萄牙艺术也逐渐从石珠、骨饰发展为用早期粗陶制成的装饰品，而这是一种延续至今的技艺。北部和西部相对开放的边界便于移民进出，他们带来了人类技术的每一个新方面：黄铜工艺、青铜铸造，最后发展到制铁。金属时代的来临也导致了昂贵珠宝的流行，对于黄金的追寻，不管是在国内还是在海外，都似一根精致的红线，贯穿后续葡萄牙历史的始终。

在铁器时代，葡萄牙文化经常因外部欧洲世界、地中海和非洲新民族、新思想的到来而得到丰富。古老的凯尔特人——他们在语言上与布列塔尼人和威尔士人关系密切——经陆路到来，寻找耕种和定居的良机。葡萄牙北部的家族结构和村庄组织都源自凯尔特人的经验。凯尔特人也是艺术影响的一个重要源泉，他们基于风笛的音乐传统一直被传承了下来。来自地中海东岸腓尼基城市的海上贸易者则为沿海地区带来了殖民化影响。葡萄牙的煤矿，比如那些在康沃尔的，大大

图 1 罗马建筑不仅为卢西塔尼亚带来了铺有马赛克的别墅和大理石教堂,也带来了同样意义重大的市政工程,向诸如埃武拉这样的城市提供水源。

繁荣了地中海的诸多文明。腓尼基水手后来被希腊人和迦太基人所取代，后者也在大西洋沿岸的港口和海滩上留下了自己的印记。长途商业的发达孕育了造船技术和用进口罐装酒补充当地啤酒的需求。然而，早期葡萄牙历史上最伟大的殖民者还是罗马人，他们对内地和沿岸都进行殖民。

公元前 2 世纪，罗马人击败了他们在伊比利亚半岛西部的迦太基竞争者，并开始试图征服卢西塔尼亚人，也就是后来我们所知的在伊比利亚半岛东部的葡萄牙人。在经过了 100 多年代价高昂的战争后，罗马共和国派出尤利乌斯·恺撒镇压葡萄牙中部高原的抵抗。恺撒带着一支 1.5 万人的军队，越过丛山，到达大西洋，一路向北打进杜罗山谷。他发现葡萄牙相当繁荣，能提供必需的战利品来取悦那些远在后方罗马的债权人。40 年后，罗马军团完成了对伊比利亚半岛西北部的血腥镇压。四个世纪文化和经济上的罗马化开始改变卢西塔尼亚人们的生活。一条连接里斯本巨大港口和富饶北方的战略高速通道被建了起来，这条路直到 2 000 年后的铁路时代才被超越。巨大的河流上筑起了石桥，正是凭借这种工程技术，一些公共工程一直挺立到今天。更伟大的建筑风格体现在拱形结构的水渠上，它们将水运到干涸的南部平原。在国家的中心，罗马城市科英布拉加（Conimbriga）繁荣兴盛起来，它离未来中世纪的科英布拉城不远。

罗马的殖民——无论是由意大利移民，还是由那些曾在军团中服役的退役士兵——是如此的强烈和漫长，以至于人们的语言都拉丁化了。

同样普遍的，城市法律和行政管理中也采用了罗马范式。城市获得了财政和司法权力以及持久而复杂的责任。一些重要的城市，比如说在瓜迪亚纳河上的梅尔图拉（Mértola），可以铸造他们自己的钱币。市政府成为葡萄牙政治系统的关键。这也是在罗马停止统治古代世界 1 000 多年后，当葡萄牙开始自己的殖民冒险时，推向全世界的控制形式。在城镇之外，罗马别墅成了大地产的焦点，被后人称为"大地产制"。南部平原的一些罗马地产扩张到1万英亩乃至更多，在那儿，代理人和买来的奴隶种植着橄榄、葡萄、小麦、黑麦、无花果和樱桃。除了他们出产的农作物和牛外，特茹河沿岸的一些庄园还以培育珍贵的卢西塔尼亚马而著称。最有钱的庄园主让别人为自己的天井铺上漂亮的马赛克，为他们的客人建起舒适的热水浴室，他们甚至拥有为自己葬礼提供服务的私人小教堂。与此同时，他们的仆人和小妾却只能喝稀豆汤、吃小米粥。

古代葡萄牙的工业与罗马文明的要求紧密相关。采石场被用来提供建筑用的石块、铺路用的石板以及那些用作雕刻的有很好纹理的石头。一批顶级建筑甚至也用了来自葡萄牙的石料。北部的露天金矿和石墨矿以及南部的铜矿和铁矿归政府所有，在承包商的严密监督下进行开采。为了限制走私和逃税，任何在天黑以后运输金属的人如果被抓到将被处以巨额罚金。在葡萄牙，劳动力完全由奴隶组成的生产方式一直延续到18世纪。在南部海岸，萨杜河三角洲地区的主要工业是鱼类加工业，葡萄牙的金枪鱼酱被腓尼基人发展成餐桌美味，受到古典时代雅典人的广泛赞赏，成为罗马"阿尔加维"的主要出口产品。鱼类的加工贮藏需要大量来自葡萄牙海岸提取的盐，这与鱼干、陶器和纺织品一同成为从古代一直保持到近代的罗马工业。但是最持久的罗马工业还是墓葬雕刻、大理石雕刻和镶嵌铺砌，经过黑暗时代和以后的岁月，都在调整与模仿中被保留下来。

就如其他受影响的地区一样，改变罗马帝国的日耳曼人入侵也影响了葡萄牙。日耳曼人在葡萄牙北部定居，与罗马化的卢西塔尼亚人为邻。在许多方面上，新日耳曼人试图维持罗马的传统，比如说模仿他们的货币流通。一群移民创造了一个王国，定都于布拉加。布拉加王国的邦交可能远达东部的拜占庭帝国，但其独立性不强，联盟也不

第一章 人民、文化和殖民地 5

图 2 敞篷船捕鱼业已经成为葡萄牙的主要产业，使我们如今还能看到迦太基时代的典型场景。

够牢固，最终还是被纳入一个更为广泛的日耳曼伊比利亚帝国，即西哥特王国。尽管哥特人在葡萄牙的统治贯穿整个 7 世纪，但是在法律、文化和经济方面的影响却非常微弱，而且它富丽堂皇的首都远在西班牙的托莱多。在很多方面，历史学者也许更会把葡萄牙历史上的日耳曼时期记作之前 500 年罗马文化和之后 500 年伊斯兰文化之间的一段中间期。但是一项日耳曼遗产毕竟存在，那就是一种强化了的基督教，这种新的地中海宗教在罗马时代后期开始传播到葡萄牙，但却是日耳曼王室贵族给了它一个新的推力。布拉加成为葡萄牙首屈一指的主教区，而托莱多则成为西班牙的高级教区。伊比利亚半岛的基督教在之后 500 年的伊斯兰统治中幸存了下来。

　　葡萄牙的伊斯兰化开始于第一个穆斯林世纪的晚期。在公元 710 年至 732 年之间，阿拉伯军队和为他们助战的北非柏柏尔人穿过伊利比亚半岛入侵了法国。他们为地中海文明带来了新的繁荣。他们的首都是富饶的大都市科尔多瓦①，在那里，巨大的清真寺以上千根大理石石柱建成，俯视着横跨瓜迪亚纳河的罗马古桥。伊斯兰化蔓延到西方腹地，导致了葡萄牙大量人口改变信仰，旧的罗马式教堂被改建或重建，成为新的清真寺。那些坚守自己信仰的基督徒和犹太教教徒被容忍，但是伊斯兰教却已成为大众的宗教。只有在日耳曼影响最为强烈的北部，因为基督教首领起来抵抗科尔多瓦的帝国强权，伊斯兰教才没能渗入。在国家的其他地方，葡萄牙青年被鼓动起来，离开了在西部的家园，去宏伟的穆斯林城市当官或经商，寻找他们的财富。年老时再饱含回忆，返回自己的村庄，种种南瓜，用阿拉伯韵文写写田园诗——在卡蒙斯②用诗歌讲述葡萄牙人在阿拉伯的乡愁。前 500 年，移民和渴望故乡田园风情的传统就已经在 9 世纪的葡萄牙充分地确立起来了。

　　科学和知识是穆斯林学者带给葡萄牙最深远的影响之一。通过对古典著作的阿拉伯语翻译，那些古希腊的哲学家和数学家重见天日

---

① 西班牙著名伊斯兰教城市。——译者注
② 卡蒙斯，16 世纪葡萄牙著名诗人、剧作家，代表作有《卢西塔尼亚人之歌》。——译者注

了。观象仪和指南针被引入到航海技术和地图制作中，穆斯林在印度洋巨浪而非地中海平静海面中积累的造船经验被采纳，以便适应大西洋的航海条件。阿拉伯技术不仅在海军建设中被采纳，也广泛应用于民用建筑。砖铺的道路、带顶的烟囱和带瓦的墙成为葡萄牙居家一个固定的特征。穆斯林瓷砖装饰为几何图案，但在后面几个世纪里，基督徒用瓷砖建造更为巨大而复杂的壁画，描绘历史上的英雄故事和日常生活的场景。在穆斯林时期，日常用语依旧保持拉丁化，但是涉及植物、工具、度量衡、车、挽具等的技术用语则借用阿拉伯语。穆斯林文化最大的经济影响体现在农业上，灌溉得到了改进和扩张，巨大的水车建了起来，将水从河里提到田里，机械化碾磨迅速代替了用臼来加工的传统劳动力密集方式。穆斯林治下的里斯本因公共热水浴室和良好的卫生条件受到地理学家伊德里斯的赞颂。社会生活被音乐、舞蹈和精美服装的展示所主导。在穆斯林统治转为基督徒统治后很久，"摩尔人"的舞蹈仍受邀在葡萄牙盛大的国家纪念仪式上表演。穆斯林血统也许依旧可以在里斯本阿尔法马区①的乡村民歌中被察觉到。存留至今的穆斯林小巷依旧保持着 1147 年被英国十字军征服时的样子。

在欧洲十字军运动登上历史舞台、从海路运送雇佣兵攻打圣城耶路撒冷之前很长时间，葡萄牙宗教战争就已经开始了。在伊比利亚半岛北部山区，小规模基督教政权几乎贯穿整个穆斯林时代。在 11 世纪时，这些北方人已经侵入穆斯林领土深处，越过葡萄牙的布拉加往南直至西班牙的托莱多。与此同时，非洲涌现出新的军事势力，在穆斯林统治的伊比利亚半岛上建起一个新的王朝——阿尔摩拉维德王朝②。

---

① 里斯本最古老的城区，里面保留了很多摩尔式建筑。——译者注
② 即阿尔穆拉比特王朝，11—12 世纪由北非和西班牙南部及东南部的柏柏尔人所建。——译者注

基督徒要求外援的呼唤引起了法国团体的回应，克吕尼的修道士们鼓励法国骑士和他们的武装随从加入葡萄牙的宗教战争。到 11 世纪末，一位来自勃艮第的亨利控制了杜罗河上波尔图港周围的土地，叫作"葡萄牙"，也就是港口之地的意思。1097 年 4 月 9 日，也就是法国诺曼底公爵占领英格兰 31 年后，勃艮第伯爵亨利对从米纽河到蒙德古纳河之间的葡萄牙大西洋平原发出领土宣示。在葡萄牙，一个基督教国家正在出现，去挑战穆斯林国家高墙环绕的城市和高耸的城堡。

葡萄牙伯爵马上产生将葡萄牙打造成王国的抱负，亨利的儿子阿丰索·恩里克斯在离布拉加主教区不远的吉马良斯市建起了戒备森严的王都。他的王位受到了两个方面的严重挑战，在北方，后来征服卡斯蒂利亚的基督教国王们声称具有至高无上的地位，葡萄牙被迫投入大量资源去训练和装备军事人员以及修建石制防御工事；在南方，葡萄牙控制特茹河平原的野心受到了阿尔摩拉维德王朝统治下穆斯林社会的挑战。然而葡萄牙在 12 世纪前半叶依旧向南推进，先是将首都迁到科英布拉，十字军非常残暴地攻陷里斯本，又将首都迁至此地。在 12 世纪下半叶，在从摩洛哥一直横跨到欧洲的阿尔摩拉维德王朝统治下，穆斯林力量有所复兴。然而在 13 世纪时，优势又再次回到基督教这边。与此同时，北部边境依然战事频仍，给葡萄牙中世纪社会造成很大压力。贵族和国王间的合作经常破裂，在意大利博洛尼亚大学受训的教会法学家们所推行的王权不时取代封建契约。对这种王室专制主义的挑战最终在 1245 年爆发的基督教内战中达到了顶峰。

葡萄牙宗教战争使长期处于穆斯林平静统治下的国家陷入贫困，战争不仅带来了饥荒、逃难和疾病的蔓延，也扰乱了经济发展的步调。由于基督教势力进一步深入南部，有时还伴随着永久性的占领，葡萄牙穆斯林开始寻求向更为安宁和繁荣的西班牙和摩洛哥地区移民。被征服的部分地区人口锐减，那些来自北方的移民粗放地经营着

图 3 埃武拉城周边的葡萄牙南部和平原曾历经罗马人、穆斯林和基督徒的殖民统治。罗马人在此修建了狄安娜神庙（现在已经被毁，即图片的中心位置）。穆斯林曾在这座山顶城市设防，而基督教的国王们则经常在此居住。

这些土地而不去投资高级的种植业。留下的穆斯林往往被奴役，至少也会沦落到更低的地位。另一方面，穆斯林城镇的基督教犹太人担当起新的地区领导角色。基督教殖民最具有艺术性的方面是在古老的穆斯林土地上建起了西多会修道院。伟大的阿尔科巴萨修道院只是葡萄牙中世纪建筑繁荣的代表之一。与修道会殖民和农业发展相反，基督教军事组织的活动更贪财和功利，例如圣殿骑士团，他们也在战争中起到了主导作用。

在1256年，复辟王朝采用了法国早期的民主模式，召开议会或者说"国会"来讨论民族志向的分歧。在又一轮领土扩张过程中——这次葡萄牙的基督徒征服了相邻的阿尔加维地区，贵族的野心部分地得到了满足，用古老的掠夺方式获得了大量的财富。阿尔加维宏伟的"摩尔人"城堡、大西洋沿岸的伊斯兰"西部王国"全部都成了基督教征服者的战利品。然而，为了避免生产劳动人口的大量流失，新的统治者给了穆斯林臣服者一些民事和经济权利。基督徒对穆斯林宗教仪式的宽容虽然没有之前穆斯林对基督教信仰宽容那样执行的彻底，但是伊斯兰教仍然在农民、手工业者中延续了好几个世纪，这片属于果园和渔场的宁静之地成为半自治的王国，也依旧维持着不温不火的繁荣，其国王还是戴着葡萄牙的王冠。

对阿尔加维的基督教征服导致了非常严重的不利，那就是将葡萄牙带入了与卡斯蒂利亚尖锐的冲突中。这一冲突主导了葡萄牙未来700年的外交政策。

卡斯蒂利亚从西班牙中部高原向南的扩张与葡萄牙的扩张几近平行。然而葡萄牙具有长期拥有大西洋入海口的优势。卡斯蒂利亚需要一个出海口的欲求使得它对穆斯林西方提出了领土要求，但是这被葡萄牙对阿尔加维的征服所阻碍。于是，卡斯蒂利亚被迫通过它征服的安达卢西亚、塞维利亚和科尔多瓦这些内河港口发展海外贸易，而无法通过一直所渴望的拉古什、塔维拉这两个海港。冲突并没有因为阿尔加维的陷落而告终，葡萄牙和它东部邻居之间的对抗反而加剧了。维持边界城堡以保卫边界的军事传统不再针对南部穆斯林敌人，而是转向东部的基督徒。边界城堡被定期加固，这一做法一直持续到1640年葡萄牙独立战争开始。防御支出给国库增加了沉重的负担，使得要想在后征服社会的对立阶层中达到一种社会平衡变得更为困难了。

在宗教战争之后的几个世纪里，葡萄牙社会被分成了三个截然不同的地理区域。在北部，封建契约等级制度支配着一种农业经济。为贵族提供劳动力，可以换来一些谷物和对抗邻国侵略的最低限度的保护，这就是这种社会契约的基础。这个体系是剥削性质的、暴力的，也是不稳定的，但是它经受住了规模巨大的14世纪灾难，比如黑死病和"农民起义"——这两件事正如影响英国的那样，在同一时间以同样的方式也影响着葡萄牙。在葡萄牙中部，焦点则汇聚在市镇，其中涉及各种阶级关系。中间阶级市民中的"市民阶级"在城市中获得了影响力，从手工艺和商业中获得财富。权力掌握在市政当局手中而不是在贵族手里。城镇对粮食的需求有助于中部平原的地主致富，但是城市对劳动力的需求又使大量农工离开农场，导致了佣工的稀缺。为了留住他们的仆人，地主开始奖给他们有限的土地权利，以换取货币或其他形式的地租。在南部，掌控社会的既不是北方式的贵族也不是平原式的市政当局，而是骑士修道会。他们的庄园役使基督教移民和穆斯林奴隶来劳作。以不同程度的合作和对抗为模式，劳力在整个国家都被需求，也遭到抵制。1373年，里斯本城的市民决定建一道新城墙来抵挡作乱的乡下人和外国入侵者，并强征很重的劳动税。紧张局势由此爆发，不到10年，乡村就陷入了公开叛乱，王室失去了对王国的控制。

1383年革命奠定了早期现代葡萄牙社会的基础。不光是农民反抗贵族，市民也起来反对国王。摄政王王位的竞争者在城镇和农村争取支持，为民众广泛参与政治事务打开了道路。在混乱中，里斯本主教被一群人私自处死，一位非嫡出的王子发动了一场宫廷政变，然后被暴民拥戴为国家的守卫者。这位王子，阿维斯的若昂，是阿维斯军事修会的主人，因此，当他在一场内战中离开城市去全国寻求支持的时候，便能得到其他军事修会首领的支持。卡斯蒂利亚将这次动乱视为进行干涉的良机，便围攻里斯本，好让它倾向的王室派别掌权。然而鼠疫突袭这座城市，迫使西班牙人退兵。经过了两年的动荡，葡萄牙议会在科英布拉召开，宣布王位空缺。11名牧师、72名贵族和军事修会骑士以及50名代表市政府的平民，选举阿维斯军事修会会长若昂为葡萄牙国王，称为若昂一世。卡斯蒂利亚人立刻再次入侵，结果是在1385年8月14日的阿勒祖巴罗塔战役中被联合起来的葡萄牙各派所击败。胜利者开始着手设计葡萄牙最好的修道院——巴塔利亚修道院。里斯本出资兴建一座巨大的加尔默罗会①感恩大教堂。因为对一个强国取得了辉煌的胜利，葡萄牙的民选王朝赢得了国内的支持和国际上的尊重。

阿维斯王朝着手建立一个稳固的、着眼于未来的反卡斯蒂利亚同盟，从而开始在国际事务中崭露头角。一个显而易见的潜在合作伙伴是英国——另一个在列强势力范围西部边缘的大西洋小王国。

从一位英国十字军成为第一任里斯本主教开始，葡英关系一直波动起伏。后来，在百年战争的头10年，葡萄牙曾不时站在英国一边。现在，若昂一世签署了一份"永久同盟条约"，于1386年在温莎

---

① 俗称圣衣会，天主教隐修会之一。12世纪中叶，由意大利人贝托尔德（Bertold）创建于巴勒斯坦的加尔默罗山，故名加尔默罗修会。——译者注

图4 巴塔利亚修道院的建造始于阿勒祖巴罗塔战役之后。这场战役确保了阿维斯若昂一世的王位,巩固了与英国的同盟,驱逐了卡斯蒂利亚入侵者。

签字生效,这将成为葡萄牙的外交基石,一直延续到 20 世纪。他还娶了兰开斯特的菲利帕——英王爱德华三世的孙女为妻,他们的儿子,也就是王子,将葡萄牙带到了现代社会的边缘。三个儿子中,爱德华(即杜阿尔特)后来成为国王并赢得了贵族的支持,皮特(即佩德罗）资助市镇，鼓励里斯本的商业发展，亨利（即恩里克），就是被称为大航海家的那个，后来成为基督骑士修道会的军事指挥官，并奠定了葡萄牙世界帝国的基础。唯一的意外发生在远方，与若昂的私生子阿方索有关，他娶了他的军事统帅的女儿，因此获得了与卡斯蒂利亚战争期间获得的广阔土地。他们建立起全国最富有的公爵家族——布拉干萨家族，正是他们最终在1640年获得执掌全国的权力，在被卡斯蒂利亚统治80年后恢复了与英国的同盟，在遭受荷兰40年攻击蹂躏后，重建起一个帝国。然而在此之前，在嫡出的阿维斯王朝英葡分支统治下，葡萄牙已经度过了它的第一个黄金时代。

  在经历了两千多年腓尼基人、罗马人、穆斯林人和基督徒的殖民统治后，葡萄牙人终于开始了他们自己的帝国扩张和殖民定居事业。他们在大西洋的岛屿上获得了最早的成功。在加纳利群岛上，殖民者起先是征服者，必须奴役柏柏尔土著，后来，一纸命他们种植葡萄、售卖加纳利甜酒的敕令使他们转变成地主。这项计划成功了，特内里费①尤其吸引了许多缺地的移民，但是在经过了半个世纪葡萄牙人的活动后，根据一份条约，加纳利群岛被转给了卡斯蒂利亚，为缓和伊比利亚半岛的紧张局面，这样的条约还有很多。一项长期的葡萄牙工程——也是由亨利王子和他的军事修会赞助的——把葡萄牙定居者带到了空荡荡的马德拉群岛和亚速尔群岛上。那里成功地引进了小麦以补充葡萄牙国内的农场贸易，而且还能用船而不是牛车向里斯本供应小麦。但还有更远的殖民，例如佛得角群岛，并发展出一种以奴隶种植棉花和靛蓝染料为基础的纺织工业，甚至一直深入到热带，在西非的圣多美群岛上也种植着由黑人奴隶收割的甘蔗。因此，葡萄牙在这百来年间尝试的种植大作物的殖民模式将主导世界贸易长达好几个世纪。

---

  ① 加纳利群岛最大的岛屿。——译者注

葡萄牙帝国野心的第二个特征要比发起海岛殖民更具有冒险性。阿维斯王朝渴望穿过直布罗陀海峡征服整个非洲大陆。在先前的时代，伊比利亚和马格里布通常都处于相同政治文化的统治下——要么是罗马式的，要么是日耳曼或阿拉伯式的，现在基督教国王试图统一葡萄牙和摩洛哥王国。正是土地吸引着葡萄牙北部的贵族和南部军事修会的骑士。葡萄牙北部的土地肥沃但稀少，南部的土地很多但贫瘠。但北非，之前是罗马帝国的粮仓，拥有广阔的平原，只要穆斯林农民能像他们在葡萄牙南部平原和阿尔加维一样处在基督教骑士的控制下，就可以大量种植小麦。为接续12世纪攻占葡萄牙中部，13世纪征服阿尔加维的势头，若昂一世和他的儿子们试图发起第三次收复失地运动（reconquista），用新征服的非洲领土和屈服于新王朝的新奴仆来犒赏他们的支持者。这次冒险并没有成功，但军队的一个壮举却载入了史册。这就是1415年，在摩洛哥人的抵抗下夺取防卫森严的休达城①，亨利王子在战场上表现出色，这个事件也标志"向内看"的欧洲中世纪的结束和"向外看"的扩张时代的开始。

由葡萄牙领导的欧洲扩张时代的成功，并不能归功于缺地的贵族和骑士，而应该归因于里斯本和拉古什的城市自由民，他们在佩德罗王子的赞助下获得了繁荣。非洲第二个诱人之处在于黄金。地中海世界大部分的黄金都要通过摩洛哥驼队从西非运来，这为意大利的穆斯林和基督徒互助银庄所周知。因此，葡萄牙商人渴望占领撒哈拉北部的沙漠市场，并像穆拉比德王朝②在11世纪所做的那样，主宰欧洲的外国黄金供应。尽管有多次英雄般的军事冒险，但对摩洛哥的军事征服总是未能如愿。

---

① 摩洛哥北部港口城市，1580年交给西班牙统治，1995年西班牙批准其实行自治。——译者注
② 11世纪在摩洛哥建立的一个柏柏尔王朝。——译者注

图5 这幅由努诺·贡萨尔维斯绘于1445年的橡木嵌板展示了正在施宣福礼的斐迪南王子,两侧是他的妹妹勃艮第的伊莎贝拉和他的兄弟"航海家"亨利。

然而葡萄牙人的经济头脑着实有所提高，慢慢地，他们开始绕着撒哈拉沿海地带去寻找其他可获取矿产的途径。到15世纪60年代他们从塞内加尔买进黄金，又过了不到20年时间，他们已经到达黄金海岸（今加纳），建立起一座防守坚固的贸易站，命名为圣乔治堡。之前通过骆驼经由陆地运输的黄金比例已经发生了改变。这项黄金贸易由王室垄断，并由里斯本滨海的一个部门负责管理。不久，它就开始向葡萄牙提供前所未闻的大量财富，每年达半吨黄金。

里斯本的上层中产阶级和他们的代理人从殖民扩张中获益甚多。其兄杜阿尔特国王死去后，商人之友佩德罗王子成为摄政王，在此后影响葡萄牙政局的动荡中，他得到了来自上层中产阶级及其代理人的全力支持。然而站在地主一边的宫廷反对派并没有为中产阶级的兴起而喜悦，他们最终剥夺了王子的摄政权，在动乱中，佩德罗王子也丢掉了性命。非洲贸易表现出长期的低迷，直到贵族们意识到，即使采取一种稍微低调的方式，他们也能从新的帝国主义中获利。南部葡萄牙最大的经济弱点之一就是劳动力短缺。因此那些突袭摩洛哥的骑士们就喜欢绑架妇女和儿童或者捕捉战俘，好把他们卖到平原上的大庄园里或者阿尔加维古老的水果农场去做奴隶。拉古什的水手就热衷于抓捕奴隶。当探险者到达非洲西海岸，他们开始购买黑奴，有时以马作为交换。当15世纪50年代贸易复兴的时候，贩卖一个毛里塔尼亚奴隶的利润估计可达700%。去往葡萄牙的黑人移民达到如此繁盛的程度，以至于南方的地主在没有新征服带来奴隶源的情况下也能生存下来。在欧洲奴隶贸易最鼎盛的时期，埃武拉，这个南部最大的也是第一个被基督徒征服的城市，有10%的人口是黑人。许多非洲奴隶，无论是在农场的还是从事家庭服务的，都过得非常不幸，他们被剥夺了许多在征服战争中捕获的白人奴隶所享有的合法权益。比如，黑人女奴就不像白人女佣那样

图 6 在 15 世纪巴西沦为殖民地之前,来自非洲的黑奴在葡萄牙被广泛用于田间和家庭劳动。

拥有防止性侵犯的保护,年轻的梅斯蒂索混血女孩被当成礼物送人做妾,但未必能成为合法配偶。

种族通婚意味着在不到十几代的时间里,曾经居住在葡萄牙的 3.5 万名非洲黑人已经融入略微黑化的葡萄牙主流族群。只有里斯本还有一个很小的黑人社区存留下来,他们专长于某项技能,比如油漆房子。黑奴贸易的长期遗产要到 17 世纪美洲殖民地开放才能被感觉到。

紧随对非洲海岸的探索,第一个重大的殖民突破始于 1492 年。一位热那亚海军上将①——之前为葡萄牙效力,而现在则受雇于卡斯蒂利亚王室——穿越大西洋,为欧洲帝国在美洲打开了新的天地。哥伦布的努力完全集中于加勒比群岛,但是在 1500 年,葡萄牙水手发

---

① 即哥伦布。——译者注

现了巴西南部的大陆，并且在教皇的分配下，宣布了领有声明。王室向愿意为新大陆开发投入金钱和人力的殖民冒险家颁发征服特许状，与征服摩尔人时授予的特许状不无相似。在非洲岛屿上发展起来的种植技术被带到了拉美，殖民者还努力向被奴役的美洲土著灌输劳作纪律。当私人冒险失败之后，王室开始直接负责经济掠夺，并以一种经欧洲实践证明非常成功的方式组织非洲的黑人奴隶贩运。为了增加黑奴的供应量，一个葡萄牙特许殖民地在安哥拉建了起来，征服者被赋予权力，可以使非洲酋长臣服，迫使他们抓捕土著当做奴隶出口，以此来付封建捐税。这套系统运行得非常成功，贸易量在下个世纪逐渐提升，达到了每年输送1万个男人、女人、孩子和婴儿的规模。他们把巴西变成了一个悲伤而繁荣的殖民地。

　　葡萄牙帝国崛起的第二次突破发生在1498年，那时，在瓦斯科·达·伽马的指挥下，一支小型舰队绕过非洲好望角发现了从欧洲到亚洲的直接航线，抵达印度海岸。从那以后，大型的武装商船载着印度的胡椒、棉花，印度尼西亚的香料、调味品以及中国的丝绸、瓷器，驶往位于里斯本的皇家贸易公司。古老的威尼斯东方贸易公司与奥斯曼帝国携手，花了30年时间才取回先前陆路贸易中数量可观的份额。尽管海路漫长，木质船体也容易腐烂、失事或遭海盗抢劫，但是一趟成功的印度航运所获利润是极其巨大的。为了保护航线，葡萄牙在东非的蒙巴萨建立了一座巨大的海军要塞，在印度果阿建立起一个殖民城市，并在中国澳门建立了一个中转港，甚至在日本长崎组建了一个基督徒社团，一直兴盛不衰，直到明治维新才被取缔。此后的100年时间里，葡萄牙实际垄断了通往亚洲的海上通道。

　　非洲的财富被若昂二世收入囊中，他于1481年登上王位。就像一个世纪前佩德罗王子摄政时所做的那样，他用这笔财富来构建王室的权力以对抗贵族。国王与贵族之间的对抗在处决葡萄牙第一公

图 7　位于里斯本河河口的贝伦塔按照国王曼努埃尔一世喜欢的曼努埃尔式华丽风格建成。它建于 1498 年开放与印度香料贸易后的那段繁荣岁月里。

爵——布拉干萨公爵的事件中达到了顶点，这是王权在王城埃武拉的一次公开展示。

更多的公开处决使廷臣分裂成各种对立的派别，使国王被孤立。国王通过建立新式政府得以生存，其基础是聘用职员制，由他们来管理新式政府行政部门。最后，贵族开始反击，当国王死时，与他疏远的内兄于 1495 年作为贵族集团的领袖登上了王位。新国王曼努埃尔一世继续使用现代管理体系经营着海外贸易，统治了一个未曾预料到的帝国繁荣的黄金时代，因为亚洲的财富开始源源不断地流入葡萄牙。曼努埃尔时代特别引人注目之处在于丰富的装饰性建筑风格。财富被运到里斯本和拉古什的海港，但这些装饰品却被拿到各省新建或翻新的皇家寓所去展览。为了庆祝新涌现的繁荣局面，也采用宗教感恩和教会资助艺术的方式。尽管依赖于港口的商人阶级，但土地贵族、教会贵族和巡回法庭的三角联盟依旧非常有力。为了保护贵族的传统权力，曼努埃尔国王采用新的西班牙式的措施来使在15世纪曾两次挣脱桎梏的中产阶级继续处于屈从地位。

也许欧洲海外殖民帝国的打开与伊比利亚半岛社会内部关系的根本转变同时发生并不是偶然的。在1492年，就在哥伦布抵达美洲之前，卡斯蒂利亚打破了与格兰纳达长期稳定的同盟与竞争并举的格局。在闪电式的入侵中，古老的穆斯林王朝被推翻了。虽然经济耗费巨大，但这场突如其来的行动在政治上获得了成功。基督教入侵者没有对西欧最后一个穆斯林王国给予关照，而是进行掠夺。许多西班牙的富裕商人和丝绸制造商都移民他国。一旦穆斯林势力被打破，对穆斯林宗教习俗的宽容便急剧下降，宗教迫害因为宗教裁判所而制度化了。葡萄牙迅速步西班牙后尘，也结束了宗教宽容局面。在1497年，就是瓦斯科·达·伽马出发开辟去往印度的非洲航线的同一年，葡萄牙通过法律禁止穆斯林和犹太人公开表达信仰。这种强制性的改变使得"新基督徒"这一新的社会类别诞生。许多犹太新基督徒是工匠和商人，他们在城市和港口以及更远的殖民地中扮演着重要的经济角色。因此他们被卷入了控制北方的土地贵族与在葡萄牙中部市镇中强大的城市中产阶级之间的纠纷当中。土地利益集团压制商人的权力，指控他们有不法的宗教行为，有些指控是正确的，也有些不然。中产阶级再也没能像在15世纪40年代内战期间佩德罗王子摄政下或在80年代若昂二世统治时期那样拥有一位王室保护人，所以那些反对宫廷保守势力的人面临生命危险。国家对企业才能的需要和贵族对中产阶级力量的恐惧在接下来的三个世纪中一直呈现出张力。

图 8 这扇托马尔修道院①里的大窗户是葡萄牙曼努埃尔式石刻中最精雕细刻的例子之一。

---

① 位于里斯本东北约 120 公里的托马尔市,原为圣殿骑士派修道院,后为基督教修道院,集中了葡萄牙 12—16 世纪流行的建筑风格,1983 年被列入联合国世界遗产名录。——译者注

第一章 人民、文化和殖民地　23

图9　16世纪的葡萄牙航海不仅涉及和平探索和有利可图的商业，常常也涉及与海上或岸上敌人的武装冲突。

曼努埃尔国王的统治结束后，葡萄牙的巨大财富并没有延续多久。去往印度的其他航线由意大利的城邦重新开辟，与葡萄牙形成竞争，西非的金矿也被持有由英国伊丽莎白女王签发特许状的准海盗式武装商人所造访。葡萄牙贵族将他们的注意力再次转向王朝联姻，尤其在为伊比利亚半岛的统一而苦苦寻觅。在16世纪70年代后期，狂野的年轻国王塞巴斯蒂安重新奉行了国家兴盛的关键在于陆上征服这一观念，但为时不长。他亲自领导了向摩洛哥进发的军事行动，在阿尔卡萨基维尔战役中被打败，自己也下落不明。王位继承人的选择对西班牙哈布斯堡王朝有利。虽然神话制造者声称西班牙的腓力二世曾说："我继承，我买下，我征服。"但实际上，大多数葡萄牙统治阶层觉得他们与安达卢西亚、阿拉贡整合成一个跨国界、跨文化的伊比利亚帝国的长久抱负最终就要实现了。虽然文化爱国主义可能会在民众层面上存在，但民族分裂主义并不是高层政治需要考虑的一个严重问题。新国王非常小心地采用了葡萄牙腓力一世的封号，并且承诺保证葡萄牙司法和宪法的自主权。有一小段时间，他甚至把主教法庭从西班牙的中部高原搬到了里斯本，他新的大西洋之窗。但没过多久，政治现实就要求他关注联合王国的中心，即新建的马德里城。

伊比利亚的统一给许多葡萄牙人带来了机遇和财富。最重要的是，它结束了几个世纪的边境冲突——尽管这可能有利于士兵、商人、马贩、军火商和强盗，但消耗了国家太多的政治能量。葡萄牙贵族现在获得了接触一种更为宽广的宫廷文化而不是他们自己狭窄的后封建时代社会的途径。主教和贵族们在安达卢西亚的卡斯蒂利亚领地甚至更远的西班牙地中海领地寻求规则外的升迁渠道。葡萄牙的中产阶级以非法手段成功打通西属美洲殖民地与葡萄牙的贸易渠道，从中获益更多。与非洲和巴西不健康的奴隶殖民相比，葡萄牙移民通常更喜欢秘鲁的白银财富。真正的卡斯蒂利亚人抱怨这种竞争，惯于将葡萄牙人贬为从卡斯蒂利亚大屠杀中逃出来的犹太难民。而另一方面，为了扩展殖民地的财富，葡萄牙人的商业嗅觉受到卡斯蒂利亚当局心照不宣的欢迎。一直到1598年腓力二世死的时候，西班牙统一才宣告完成，至此西班牙控制了从西印度到东印度的整个世界。

第二章 17世纪的反抗和独立

葡萄牙的反抗始于1640年12月1日。对西班牙-葡萄牙联合王国的攻击让人始料未及。在联合的早期，王室曾非常小心，尽量不为满足西班牙的需要而给葡萄牙王国增加不适当的负担。然而到1640年，这种美好的关系已经被侵蚀了，西班牙的军事需求需要采取紧急行动。位于伊比利亚半岛远端，很早之前加入卡斯蒂利亚王国的加泰罗尼亚王国在1640年6月背叛了西班牙联盟。卡斯蒂利亚王国立即要求葡萄牙征募士兵，穿越半岛前去镇压东部的加泰罗尼亚叛乱。葡萄牙平原上的大地主特别反感马德里的联合王国王室强加给他们的军事负担。一些地主拒绝让稀缺的田间劳力参军入伍，为镇压加泰罗尼亚叛乱向西班牙白白贡献他们的劳动力。抗议者鼓动他们的第一公爵若昂·布拉干萨宣布葡萄牙独立，永远摆脱卡斯蒂利亚强加给他们的重荷。他们认为西班牙不可能在两条战线上进行镇压，因此，只要在加泰罗尼亚仍处于叛乱时发出争取自由的一击，葡萄牙的反抗就很有可能获得成功。端坐贵族宝座的布拉干萨家族在埃武拉城和卡斯蒂利亚前线间犹豫不决。若昂公爵知道，如果阴谋失败，他将比任何其他葡萄牙公爵失去更多的土地。然而最终，他同意领导这次起义，并用自己家族的名字来命名这个谋叛的王朝。起义军随即攻占了里斯本的王宫，驱逐了西班牙哈布斯堡王朝派驻当地的代表。

布拉干萨起义从一开始就不是一场大众广泛参与的革命。早在三年前的1637年，一场真正草根的革命曾在葡萄牙酝酿。当时，是农民起来抗议西班牙联合王朝强加给他们的高额税收。然而，他们的理由没有得到地主的支持，因为他们害怕任何大众起义都有可能危及他们自身的地位和特权。事实上，有人就认为后来贵族们在 1640 年的起义很有可能就是一种先发制人，以避免西班牙联盟的负担变得越发沉重时发生另一场大众起义。布拉干萨的支持者们急于防止天下大乱、秩序倾覆，而英国正受此威胁[1]。

葡萄牙独立运动缺乏大众参与，但并不意味着公众缺乏要从西班牙联盟中解放出来的渴望。与卡斯蒂利亚几个世纪的战争使葡萄牙与它唯一的陆地邻国间结下了深深的敌意。谚语警告人们相信卡斯蒂利亚人的危险，民谣则强调两国大众文化的差异。一种"救世主式的爱国主义思想"在葡萄牙滋生，追忆着失踪国王塞巴斯蒂安的丰功伟绩。人民迫切渴望这位救世主能从摩洛哥归来，拯救人民于困苦之中。然而这种追求葡萄牙同一性的民众热情并没有对社会上层产生很大的影响。一直到革命时代，宫廷文化还真的是跨国界的。甚至葡萄牙最伟大的爱国诗人卡蒙斯也曾认为自己是"西葡人"（Hispanic）[2]。上层社会并不使用后来成为葡萄牙国语的乡村方言。卡斯蒂利亚化导致葡萄牙剧作家和其他艺术家一起去马德里王宫寻求资助，而不是去小得多的葡萄牙王廷寻求资助。

所以，导致葡萄牙贵族叛乱的不是任何上层社会中的文化民族主义情绪，而是 17 世纪的经济危机逐渐破坏了他们对西班牙联盟的接受能力。伊比利亚的大危机在 1620 年之后就逐渐开始出现端倪，当时，因为殖民地银产量的下降，西班牙的财力也在逐渐削弱。

这种不景气导致了社会局势紧张和对葡萄牙人的指责。在秘鲁的银矿殖民地，老定居者们将不满归咎到移民头上，他们秉持反犹的种

---

[1] 这里指的是 1640 年的英国资产阶级革命。——译者注
[2] 西班牙和葡萄牙的统称。——译者注

第二章 17世纪的反抗和独立 27

图10 在1578年试图入侵摩洛哥的战役中失踪的塞巴斯蒂安，1640年恢复独立后，他成为葡萄牙爱国主义民族英雄。

族主义思想，驱逐葡萄牙商人。敌对很快蔓延到了欧洲，到1630年，共同体内部的对抗已经非常普遍了。

这种敌对，因为加泰罗尼亚的叛乱和要葡萄牙协助镇压的命令而进一步激化，最终在1640年爆发为公开的反抗。但是叛军背后的贵族远远没有联合在一起。大约有半数的葡萄牙贵族——他们中有许多是被联合王室擢升为贵族的——依旧对西班牙保持忠诚。他们渴望通过对哈布斯堡王朝保持忠诚得到土地和金钱的奖励，甚至是在西班牙地中海领土上的统治权。布拉干萨的"反叛者"褫夺了哈布斯堡王朝"忠诚者"的贵族头衔，并且逐渐为他们的支持者创立了30个新的贵族头衔，使现存的贵族规模翻了一番。最富有的阶层聚集到平原城市埃武拉，新王朝在那里打下了根基。

在17世纪的葡萄牙，贵族并不是唯一犹豫不决的反叛者。港口城市里斯本的城市中产阶级也因为他们对分离主义政权的态度而发生了分裂。的确，一方面，官僚们早期做出了倒向布拉干萨的决定，政府继续运行，职能基本没有中断。而另一方面，许多企业家更倾向于开放的边界，惧怕民族主义的概念可能会在葡萄牙周围立起爱国主义的围栏。有人认为，脱离共同体会让葡萄牙在塞维利亚和美洲的投资面临风险。论战另一方的观点则正相反，他们认为，脱离共同体能打开与前西班牙附属国荷兰的贸易，并且能为葡萄牙进入莱茵河流域更广大的内陆市场提供更好的途径。荷兰因素被证明是葡萄牙独立战争中很重要的一个部分。荷兰不仅成为哈布斯堡时代在葡萄牙殖民地的积极贸易者，而且对许多被驱逐的葡萄牙犹太人后裔来说，荷兰也成为一个政治和经济上的天堂。在西班牙统治时期，当宗教宽容变得越来越苛刻的时候，他们带着商船和投资逃往了阿姆斯特丹。

当葡萄牙起义爆发时，像贵族和资产阶级一样，天主教会也面临着一个未曾预料到的困境。乡村神父和卑微的修道士们为布拉干萨公爵发出了造反的呼声，与自主的葡萄牙民间文化打成一片。然而，大修道院长和主教都已经融入了卡斯蒂利亚的上层社会，不愿意断绝与国际社会的联系。他们害怕国家分裂会鼓舞而不是削弱人民的抗争，从而危及自己的等级特权。耶稣会神父最无所畏惧地表达了反对保守宗教观的态度，因此也在新的宫廷里获得了影响力，他们中的一些人甚至持有相当激进的政治和经济思想。

16世纪40年代，耶稣会作为一种反宗教改革的武器应运而生。1558年，葡萄牙修会在埃武拉创立了自己的大学，以此作为古老的科英布拉大学的现代竞争者。耶稣会教育者被保守派斥为颠覆者，便加以反击，并且声明：尽管他们在传播知识，可也在遏制人文主义和民族主义势力。他们的教育只使用拉丁文，从而使葡萄牙无法接触在整个欧洲日益繁荣的通俗文学。耶稣会严格地保持着审查制度，笛卡儿和牛顿的哲学被排除出他们的课程提纲。对于新科学时代开放式的疑问，他们更倾向于阿奎那的服从学说。尽管他们遇到了一些来自地主贵族的抵制——他们不希望自己的孩子前往现代化的埃武拉和金融城里斯本游历——但是一种传统和现代的平衡，使得耶稣会士能在每一代正在成长的贵族身上施加教育和忏悔的力量。16世纪时，耶稣会强烈支持里斯本在非洲和巴西进行帝国式的扩张，他们从殖民地财产中获得了巨大的财富，也在亚洲传教事业中赢得巨大的威望。17世纪时，尽管他们的赞助者教皇反对，耶稣会仍然赞同独立运动，并支持觊觎王位的布拉干萨家族。这将他们带进了与宗教裁判所持续不断的对抗中。

葡萄牙的宗教裁判所依照西班牙模式成立于1536年，它是反宗教改革运动中的一个镇压性机构，而非其教育分支。其半独立的权力可以抵御王室的影响，甚至可以免于教皇的干涉。其官员和告密者令人恐惧，就像后来的"秘密"警察带给葡萄牙和社会的恐惧一样。

它在对待所谓宗教嫌疑犯时表现出的残忍，被作为一种社会控制手段广泛宣传，它的处决一般都公开进行以求达到最大功效。在哈布斯堡王朝统治下，宗教裁判所已经成为政府手中一个非常重要的、用来改变宗教信仰的工具。它有独立行事的权力，无须议会或法律上的

图11 尽管在16世纪受到耶稣会的挑战,在18世纪受到启蒙君主的挑战,在20世纪又受到共和党人的挑战,创始于中世纪的科英布拉大学依旧是葡萄牙保守主义的堡垒。它最著名的毕业生是安东尼奥·萨拉查,在1928年成为财政部长前,他曾在这里讲授财政法。

核准。它是一个镇压异端的强大武器,受到保守旧秩序的土地贵族的支持。宗教裁判所动辄以传统、一致和种族纯洁为名镇压一切创新,从而经常同所有的葡萄牙现代改革者发生冲突。所以令人毫不吃惊的是,1640年,宗教裁判所赞成维持伊比利亚的联合和西班牙的统治秩序,并且立即动员它的支持者去镇压布拉干萨起义。1641年7月,宗教法庭庭长决定支持一桩由一名公爵、一名侯爵、三名伯爵和一名大主教策划的反革命阴谋。虽然这场力图维持与西班牙联合的大图谋没能驱逐反叛的布拉干萨"国王",但它标志着独立必须经过漫长的战争,而且新政权的政治稳定经常面临内部威胁。

在镇压布拉干萨起义和重新征服葡萄牙省的努力中,西班牙人似乎拥有一张意识形态上的王牌。这就是罗马教宗在葡萄牙事件上毫不让步的敌意。17世纪的梵蒂冈一点也不喜欢民族主义。教皇将这种政治独立与席卷北欧的新教宗教自治联系在一起。就算罗马主教在1640年倾向于支持葡萄牙独立,他也不敢得罪西班牙这个现存最大的天主教势力。因此葡萄牙起义存在一大障碍,因为他们既得不到教皇的支持,也得不到任何权威的保证,承认上帝站在他们一边。尽管受到教皇的排斥,而且在葡萄牙主教死后,他们一直选不出继任者,但一个半独立的天主教会仍然存在,并贯穿28年独立战争始终。许多修道院拥有上好的土地,经济上也很富足,贵族在战时还向当地教会提供艺术和其他方面的赞助。农村教士继续对他们那些经常提心吊胆的大众布教,世俗管理者也精打细算地分配着主教职位的资源。尽管它与最天主教化的西班牙王权长期处于敌对状态,但葡萄牙仍然是一个天主教堡垒。

尽管事实并非如此,但葡萄牙起义者依旧采用"复辟"作为他们的政治口号。他们所要寻求的政府系统实际上以哈布斯堡王朝所创建的模型为原型,而根本不是要回到16世纪。在西班牙治下,王权由皇家官员和一个政府委员会来行使。若昂四世希望通过类似的机构加强王权，从而平衡和限制贵族、平民与教士所释放出的野心。然而问题是，虽然贵族愿意鼓励布拉干萨家族抢在人民革命爆发之前先发制人，但他们不愿意给新国王以许可，让他建立起一个绝对专制的君主国来。葡萄牙国王是由议会任命的而不是神授的。此外，新王室在所有财政收入上都有赖于议会的批准，甚至连抵抗西班牙的防卫支出也是如此。贵族们不断要求免税，教会也拒绝放弃自己免于国家税收的历史特权。双方都指向了作为政府收入传统来源的第三等级。国王力量太过弱小，不能强征连哈布斯堡王朝都没能增加的税款；他也太过孤立，不能压服贵族或者教会。不情愿的国王不得不承认议会不仅可以限制他的神圣权力，而且还能强迫他从自己私人地产的收入中拿出一部分钱来资助解放战争。

新国王的生存在很大程度上要归功于第一位首席大臣弗朗西斯·卢塞纳（Francisco de Lucena）的机智和技能。在哈布斯堡王朝治下，卢塞纳曾任葡萄牙管理议政会书记一职长达36年，因此是这个国家最有经验的管理者。作为一名有能力的官僚，他把服务对象转为里斯本王宫中事实上的新掌权者，但是竭力避免任何对西班牙不必要的冒犯，因为他的儿子还在为哈布斯堡王朝服务，并很有可能成为报复葡萄牙分离主义行动的潜在受害者。为了避免不必要的结构和社会变化，这位首席大臣保持在职官员不变，没有为奖励革命支持者而创设新的职缺。他还否决了任何迫害与马德里"通敌"的西班牙忠王派的设想。然而这种平稳的过渡被粗暴地打断了，1641年2月，愿望受挫的葡萄牙民声沸腾。1637年失败的革命被重新记起，社会公平的要求被大声提出。贵族们惊骇起来，称之为"里斯本恐慌"。西班牙有可能助长了富人阶级的恐慌，并警告说，只有废黜"逆贼"布拉干萨，正常的秩序才能恢复。首席大臣非常坚决地镇压了贵族反革命叛乱，那些出身高贵的罪魁祸首被公开处死，以此来保卫布拉干萨的王位。

处决 1641 年反革命分子给王室带来的权力引起了贵族的忧虑，他们希望保持自己的影响，对中央政府施加限制。在没有任何可替代的王位候选人的情况下，又考虑到荷兰式共和方案的不切实际之后，反对王室专制的贵族们剔除了国王的官员。这位首席大臣——在独立的头几个月里对贵族恪尽职守，因出身平凡，所以贵族认为他必然俯首帖耳，也不担心让他身居高位——向世人证明他的实力足以处死反对他的贵族。卢塞纳对国王的忠诚心之强与法国首席大臣黎塞留很像，他的力量也已威胁到贵族的影响力。卢塞纳因为通敌的指控而受到传讯并被审判，国王也没能救他。他被公开斩首于埃武拉城市广场，充满讽刺意味的是，刽子手的剑是用来斩首国王的敌人的。在接下来国王与议会的斗争中，一个能力非常弱的首席大臣被强加给了国王。因为有如此强势的贵族限制着他政治活动的空间，若昂国王不得不向国外寻求支持。

1640 年的葡萄牙革命不能被简单地描述成在伊比利亚半岛一角为争夺权力而进行的国内斗争——甚至还出人意料地导致了一个独立国家的诞生。这场革命发生在欧洲所经历的最伟大的转变期当中。三十年战争、现代法国的兴起和英国革命都对葡萄牙摆脱西班牙的漫长过程有直接的影响。早期近代欧洲的普遍大危机影响了国际贸易，而葡萄牙还在其中扮演着殖民角色。它也影响了人们的意识形态，对教会的知识垄断构成了巨大的科学挑战，而葡萄牙正是教会知识垄断的受害者。这场危机也涉及了外交方面，葡萄牙成为好几场相互冲突的战略布局中的棋子。所有这些都交织在一场欧洲南北双方的大对抗中。在这场对抗中，葡萄牙作为天主教南方意识形态最为保守的国家之一，成了被新教北方俘获的一块经济飞地。

起初，那些欧洲政权并不关注这种屡见不鲜的西班牙行省叛乱。就算他们要关注，同时发生在更强大、更繁华的加泰罗尼亚的叛乱和布拉干萨若昂的姻亲于 1641 年领导的安达卢西亚南部的叛乱也更为显眼。国际社会对葡萄牙事件的忽略发生在这种情况下：当时，法国、英国和尼德兰这些大国都在忙于自己的内战、宗教战争和国际战争，力图在早期近代世界建立起他们的地位和身份。因为 17 世纪早期，庞大的荷兰贸易公司兴起，使葡萄牙作为欧洲与印度桥梁的国际重要性显著削弱。尽管新教政治家对禁止同葡萄牙反叛者建立外交关系的教皇禁令不太在意，他们慢慢意识到，葡萄牙起义有可能成功，承认一个独立的葡萄牙可能会对他们有好处。承认真的来了，第一个承认的是英国，尼德兰的海上对手，昔日与葡萄牙达成南北联盟的中世纪盟友。葡萄牙亚洲帝国的未来是迫在眉睫的要务之一。

到 1640 年，葡萄牙在亚洲的香料帝国已进入衰落期。尽管有这种经济衰退，在葡萄牙大众的想象中，印度仍然是一个充满浪漫气息的神秘大国。东部的帝国依然保有 50 多个滩头、要塞、贸易工厂和岛屿，从赞比西河一直延伸到太平洋。总督从他的城市果阿，松散地监督着贸易网。城市的北边有印度的纺织和印染中心，南部的马拉巴尔[①]（Malabar）香料园也受果阿控制。帝国夸大地声称：有着 25 万人口的果阿将在 17 世纪初赶上伦敦和安特卫普。果阿人口中大多数是奴隶，殖民家庭通常都有十几个守卫、男仆和女仆，以几近罗马的奢华方式伺候着他们的主人。在莫桑比克，奴隶工匠和手艺人都被征召入伍，而自由的印度移民则开设商店，去做修补匠、金匠、理发师和杂货商。最远的外来社群来自亚美尼亚和马来西亚，但殖民"贵

[①] 马拉巴尔现指南印度的一个地区，位于西高止山和阿拉伯海之间。当年曾是东印度公司控制的马德拉斯邦的一部分，被划为马拉巴尔区。有时也会用"马拉巴尔"一词来泛指印度半岛的整个西南海岸，称作"马拉巴尔海岸"。——译者注

族"却是欧洲人。欧亚混血儿没有和生于母国的白人同等的地位,但在发生危机时,他们被征召入伍,和黑人奴隶、信基督教的印度人一起去扩充军队的行列。

服完兵役后,来自葡萄牙的移民从军者可以缔结正式的婚姻,成为定居公民。他们中的一些人娶了被送往东方、想寻求一份嫁妆的白人女孤儿,但是大多数娶的是亚洲人或亚欧混血儿。在1640年,果阿有可能只有不到1 000个已婚公民获得了选举市议会和监督宗教善款的完整权利。当时,果阿的修道士可能要比有选举权的市民还要多,但是,教会就像政府一样,对种族依然保持着严格的限定,教会中的晋升更多的是依据肤色而不是教育和文化。为了防止他们的女儿缔结不合适的婚姻,与低俗的移民或者更差的人结婚,有钱人家捐助建造舒适的女修道院,在那里白人妇女可以不受滋扰地生活,免于频繁的生产分娩。然而,政府要员们尽力限制女修道院的数量,以此来确保至少他们能找到白人新娘。政府和教会都为在帝国中枢举行的城市仪式之壮丽与辉煌而感到高兴。

这个富裕的印度世界——其中的每个人,不管是传教士、士兵还是小店员、官员,都在投资香料贸易——面临的威胁表现出多种形式。随着贸易利润的下降,防务被忽视了,海盗们变得更加大胆,印度王公也显得更为自信。一份与荷兰签署的休战协定在1621年到期了,于是总督在耶稣会外交官的鼓动下,于1635年和英国人签了一份当地和平条约。一艘英国船被派去中国澳门取回火炮,保卫果阿抗击荷兰人。牧师向有所怀疑的信众保证,英国将专注于香料贸易而不会尝试传播新教异端信仰。这种在天主教-新教之间进行合作的突破并未能遏制荷兰在亚洲经济实力上升的趋势,但是的确为1642年和1654年英葡在欧洲签订条约提供了一个外交范例。然而,除此以外,亚洲并没有像大西洋殖民地那样,成为独立运动的组成部分——而在大西洋殖民地，欧洲加尔文教和天主教之间的冷战引发了激烈的战斗。

在西班牙占领期间，葡萄牙的大西洋殖民帝国和亚洲殖民帝国发展得一样糟糕。16世纪80年代，就在葡萄牙失去独立的同时，荷兰脱离西班牙赢得独立，并从多个环节突入大西洋帝国，展开了一场漫长的争霸战争。到1605年，荷兰人已经成为南大西洋上最大的船运商，就在这一年，有180艘荷兰商船造访了南美洲的盐田。到1621年，他们又统治了蔗糖运输业，每年为巴西糖贸易造十几艘新船，有29家制糖厂保持运营状态，每年出产4万箱原糖。几乎不顾当时两国的政治和外交关系，有超过一半的葡萄牙殖民交易通过荷兰船只运输。葡萄牙的船务代理人通常是里斯本新基督徒商人阶层中的成员，他们几代前的犹太祖先曾被迫改变信仰。他们往往与阿姆斯特丹的犹太社区有很好的联系，而这些犹太人中有很多本身就是来自葡萄牙的流亡者。荷葡贸易相当兴旺，吸引了来自法国和威尼斯的大规模投资，跨越了国家和意识形态的界限。

然而，商业上的合作和竞争并不是葡荷关系的唯一特点，战争也常常在大西洋上上演。1630年，荷兰第二次试图占领巴西东北部的甘蔗种植园并获得成功，占有它们超过20年。在1641年，他们还占领了葡萄牙在非洲最大的奴隶来源地，并控制安哥拉的卢安达港长达7年之久。与此同时，也发生了两起永久性的入侵事件，一在西非，荷兰人于1637年占领了葡萄牙人黄金贸易城堡埃尔米纳[①]；一在南非，荷兰人于1652年在好望角筑起了防御工事。最终这两个殖民地都成了英国的领土。

[①] 位于加纳首都以西130公里处，早先是欧洲殖民者掠夺黄金的总部，后来随着奴隶贸易的兴起，它又成为囚禁奴隶并进行奴隶贸易的重要据点。——译者注

对大西洋控制权的争夺进行的同时，一系列外交活动也在欧洲上演，试图让自行其是的葡萄牙国王获得承认。最终，布拉干萨与新教英国结成了联盟，但是在这么做之前，他们曾长期努力尝试与更为强大而且更为信奉天主教的法国国王结盟。法国对南北分裂①持观望态度，并有一个得到一定容纳的新教少数群体，他们与经济创新关系密切。在三十年战争②中，法国强化了在北部的影响力，直到1648年与德意志各邦国签订和平协议。在南方，战争一直持续到1659年，才在西班牙最终获得和平。这一实力的提升，以及无须与天主教断绝关系便能确立民族认同感的能力，使得法国成为新葡萄牙显而易见的首选"助产婆"。然而，葡萄牙与法国的帝业没有太大关联。法国欢迎一场既能削弱西班牙又有助于其侵占加泰罗尼亚边境的葡萄牙叛乱，但是葡萄牙独立对于法国外交来说依旧不那么重要。野心勃勃的葡萄牙人希望把握一场世纪联姻，将布拉干萨的凯瑟琳公主嫁给年轻的法王路易十四，然而这种努力却以失败告终。路易十四没有与这个和教会分裂、合法性存疑、失去教会认可的王室联姻，而是和西班牙结成了堂皇的天主教联姻。然而，为了保护次要利益，法国还是找了一位公主给布拉干萨的儿子若昂做配偶，并且小心地支持葡萄牙的自治作为对西班牙的限制。一个亲法国的政党在葡萄牙宫廷中成长起来，并且后来在葡萄牙努力争取独立的军事和政治结局中扮演了重要的角色。然而与此同时，英国再一次显示出在葡萄牙事务中的存在感。

在独立战争期间，葡萄牙和英国之间的外交关系可谓复杂而曲折。在西班牙占领之前联结两个国家的"古老同盟"为英国提供了

---

① 这里指天主教分裂。新教在法国被称为胡格诺教。——译者注
② 1618—1648年间由神圣罗马帝国内战演变而成的一场全欧参与的大规模国际战争。——译者注

酒、羊毛织布市场、前往欧洲以外地区的海路安全港和对抗宿敌及帝业竞争对手卡斯蒂利亚的同盟。恢复联盟的美好前景吸引了英国，承认起义王朝的谈判在专制君主查理一世的控制下开始了。然而，在取得成果之前，英国陷入了内战，葡萄牙不切实际地支持保皇派。具有讽刺意味的是，当查理一世垮台的时候，布拉干萨家族又不顾一切地转向弑君者克伦威尔寻求帮助以巩固他们的王位。在威斯敏斯特签署的一份条约中，若昂国王同意阻止针对英国"护国公"贸易者的骚扰，并允许这些贸易者使用圣经。凭着惊人的勇气，国王还允许新教徒在天主教的土地上埋葬他们的死者。在1661年查理二世复辟之后，根据葡萄牙摄政女王若昂遗孀的指示，这份条约在白厅①作了修订，从而包含了严肃的军事条款，最终推动葡萄牙独立战争走向终点。葡萄牙被允许在英国以雇佣兵的市价招募2 500名士兵和马匹去抗击西班牙，更难能可贵的是，葡萄牙被允许在苏格兰和爱尔兰的所有凯特尔自治领再寻找4 000名战斗人员，并可以包租24条英国船进行载运。这支远征军将装备英式武器抵达，并被保证宗教信仰自由。第二年又招募了后续的英国骑兵和步兵。这个联盟当时通过布拉干萨的凯瑟琳公主与英格兰和苏格兰的查理·斯图亚特的婚姻确定了下来。公主带上了200万枚金币的巨额嫁妆，英国还得到了在葡萄牙殖民帝国的两个立足点：非洲的丹吉尔②港和印度的孟买港。支付婚礼债务的利息成为葡萄牙国库半个世纪来的重负。然而这些花费仍不足以保证葡萄牙的独立。但是从一个完全未曾预料到的地区送来了更多的帮助，这就是葡萄牙自己在巴西的拉美帝国。

布拉干萨家族坚定地扎根于葡萄牙大平原上的农业，对殖民事务

---

① 1622年修建，1698年毁于大火，英国国王常居于此。——译者注
② 摩洛哥北部海港。位于直布罗陀海峡西端。1471年落入葡萄牙人之手。后来转让给英国。1684年英国人放弃该地归还给摩洛哥。——译者注

知之甚少。因此，对若昂四世来说，巴西在他统治期间扮演一个外交中心的角色是一件令人吃惊的事。正是耶稣会游说者带头说服了反叛的国王，告诉他拉美殖民地能帮助他确保革命的成功。通过建立皈依者可以居住的、产权属于欧洲的基督徒社区，耶稣会在拉美获得了巨大的影响力。此外，出于方便，牧师团与通常充满敌意和嫉妒世俗的殖民者结成了联盟，这些殖民者与他们同担巴西北部荷兰人所造成的宗教、经济和政治威胁。当欧洲布拉干萨起义的消息传到巴西，里约热内卢的领导者——萨尔瓦多·德·萨①同耶稣会士达成共识，同意支持葡萄牙独立。

萨尔瓦多·德·萨支持耶稣会与布拉干萨家族结盟的部分动机与在非洲的损失有关。在安哥拉的葡荷战争是三十年战争中最遥远的战场之一了。荷兰人最初准备在1624年攻占卢安达港，若非哈布斯堡任命一名葡萄牙贵族、积极开展殖民地防务，这片年供1万奴隶的殖民地就保不住了。在1641年，荷兰人重新开始他们的攻击，急于在葡萄牙的独立经和谈被承认之前占领殖民地。在安哥拉的葡萄牙守备部队逆河逃窜，跑到了一个遥远的非洲流放地，决定是接受荷兰人的统治，继续保持对哈布斯堡王朝的忠诚，还是举起代表布拉干萨家族起义的旗帜。他们选择了布拉干萨，并向里约热内卢寻求帮助以抵御荷兰人在非洲对他们设防领地的攻击。整整经历了7年时间，当萨尔瓦多·德·萨抵达非洲、巴西人于1648年将荷兰人从卢安达驱逐出去时，他们才最终得救。这个地方出人意料地落到了若昂国王手里，因为破坏了之前与荷兰人达成的和平协议，他稍感不安。然而，夺回荷兰人所占殖民地的运动并没有在卢安达结束，6年后，巴西人重新

---

① 生于1602年，卒于1688年，葡萄牙军事家和政治家，里约热内卢、南部巴西和安哥拉总督。——译者注

收回了巴西东北部的大种植园殖民地，迫使荷兰人不得不将注意力集中到与加勒比海地区的贸易上来。因此葡萄牙独立的呼声得到了南美殖民地和它非洲附属国的支持。

1656年，葡萄牙的国王若昂四世去世了。尽管他重新控制了他在巴西和安哥拉的南大西洋殖民帝国，但是他的单方独立宣言并没有在欧洲获得承认。在他在位期间，议会曾三次召开，给这个王朝以合法身份并为战争征税，但是都没获得完全的成功。当若昂强大的西班牙遗孀成为这个起义王国的摄政时，她不得不继续寻求与西班牙的和解，但是战争继续拖延着。在国内，贵族们利用国王之死进一步加强他们的国内影响力、限制王室的行政权。然而在1659年，葡萄牙的情况快速转变。《比利牛斯条约》结束了西班牙与法国的长期战争，改变了国际形势。这份和平对葡萄牙的外交绝非好事，反而解放了西班牙军队，使得他们能再一次尝试镇压轰轰烈烈的葡萄牙叛乱。然而，在腓力四世之子领导下重新发动的入侵并没有实现重新征服这个分离王国的目标。相反，得益于大规模外来雇佣兵的援助，葡萄牙在战争的最后阶段赢得了胜利。

伴随着里斯本的一次政变，独立战争的胜利阶段在1662年开始了。布拉干萨的凯瑟琳嫁给新教英国国王的昂贵婚礼既不受大众支持也不精明慎重，为摄政政府带来了尖刻的批评。西班牙攻势再起，增加了民众的紧张，加上贵族财富遭到洗劫，在里斯本引起了严重的恐慌。在后来成为名义上的国王、有可能智力迟钝的王后私生子的支持下，贵族中一个难以驾驭的年轻派别推翻了摄政王后的统治，将26岁的卡斯特罗·梅略尔①伯爵推上了战时"独裁者"的位置。新政权

---

① 卡斯特罗·梅略尔伯爵（1636－1720），阿方索六世的大臣，1662－1667年间葡萄牙的实际统治者，成功开展了对西班牙的战争，致使西班牙于1668年承认葡萄牙独立。——译者注

决定立即改变葡萄牙的国际关系格局，从与英国结盟转到与法国结盟。年轻国王迎娶了一位法国公主，年轻的独裁者将波旁王朝的皇家专制主义和枢机大臣作为自己政府模仿的对象。而新国王的弟弟佩德罗王子和他妹妹英国凯瑟琳王后对这种亲法独裁统治的反对意见却被置之不理。凭借卡斯特罗·梅略尔的军事实力以及在法德统帅绍姆贝格杰出指挥下的国际雇佣军，葡萄牙发动了三年对西班牙疲惫之师的有力战争。在经过几次决定性战役后，葡萄牙的胜利终于在1665年得到了巩固。两年后，亲法国的一派和它的独裁者在另一场宫廷政变中被推翻了。佩德罗王子和亲英国派重新夺取了权力，并且在1668年，西班牙最终承认了布拉干萨王朝的"合法性"，《威斯敏斯特和约》也正式得到批准。尽管在他统治的前半期只是被冠以王子摄政的封号，但是佩德罗却给葡萄牙王室带来了40年政治上的连续性。

佩德罗王子对他哥哥王位的篡夺给葡萄牙政治带来了根本性的变化。无能的年轻国王被流放到中大西洋上的亚速尔群岛。年轻的独裁者怀着专制主义野心逃离了这个国家，具有讽刺意味的是，他去英国寻求避难。尽管佩德罗通过迎娶为他被废黜兄弟所疏远的法国妻子来提振他的政治地位，但是葡萄牙拒绝了与法国结盟。在独立战争最后阶段被西班牙侵占的所有领土都被归还给了葡萄牙，只有一个例外，那就是控制直布罗陀海峡的摩洛哥要塞城市休达。在独裁统治下冒头的专制主义趋势被遏制了，旧贵族暂时恢复了部分影响力。政府又一次被宫中的少数寡头所控制，而不是处在由国王任命的官员控制之下。与英国的古老同盟得到了恢复，里斯本成为缩小版的伦敦，奉行北方的重商主义，与周围格格不入，挤满了在阿姆斯特丹新造的商船。环绕在里斯本四周的葡萄牙农村是一片农业天主教的海洋，在那里地方贵族命人按意大利风格建造小教堂，绅士们照着富丽堂皇的法国概念去建造他们的庄园。

图12 一幅雕版画的局部，描绘了1620年左右里斯本滨海区王宫的西侧和码头的情景。

1668年的和平本应该使葡萄牙摆脱防务费用的消耗，有条件以巨大的飞跃去摆脱贫困。然而，繁荣却依旧难以实现。葡萄牙国内最接近产业化且具有国际重要性的产业是海盐业。盐曾经是战争期间一种至关重要的经济资产，并且市场范围也从荷兰扩大到波罗的海诸国。在17世纪60年代，阿姆斯特丹的盐价曾相当高，也促进了葡萄牙最终取得独立。因为葡萄牙商船规模始终不够大，不能将盐运到顾客手中，所以每季都有数以百计的小船南行至葡萄牙海岸，购买8万吨原盐。用盐作为进口支付手段的能力使葡萄牙盐业获益良多，但附加值颇低，且抑制了国内制造业的发展。

凭借卖盐的收入，里斯本社会能从国外买到纺织品、服装、家居设施、金属制品、瓷器、装饰品以及其他奢侈品而无须去培养国内手工业或提高农村生产力。先天发育不足、只能出卖原材料而买进制成品的困境，从一开始就折磨着恢复独立后的葡萄牙经济。

葡萄牙的第二大海岸工业捕鱼业也没能带来期望中的繁荣。鱼对于沿岸人家和港口居民来说是比肉还要重要的饮食组成部分。但是海外殖民地的增长剥夺了这项全靠海上技能的行业，因为渔民都被征去服务于帝国庞大的海上航线了。渔民们还要忍受渔船的短缺，因为渔船都被拿去用在长途贸易上了。造船厂也有其他为海军优先建造的项目，连造船用的木料都要花巨资从瑞典和巴西进口，而不是靠牛车从葡萄牙内陆的森林里运。当捕鱼业资金匮乏到无法满足本国主要产品鳕鱼干的国内需求，葡萄牙的经济依赖性已经变得相当严重。这个曾经引领开发拉布拉多和纽芬兰大渔场的国家，现在却要依靠英国船队去捕捞北大西洋的鳕鱼了。更为夸张的是，葡萄牙甚至允许英国渔民从英属北美殖民地直接向巴西种植园市场出售鳕鱼干。这种开放严重破坏了传统重商主义坚持的、所有贸易必须通过大城市并增进母国财富的要求。

然而，里斯本的食物供应面临着一个比鳕鱼短缺还要巨大和古老的危机，这就是缺乏充分的小麦市场机制。看起来，从国际市场上购买小麦，似乎要比投入稀缺的资金和人力、提高国内种植业的管理和运输来得更加容易而且有利可图。自中世纪以来，葡萄牙的谷物危机

图 13 在里斯本圣文森特德福拉修道院的回廊上，一幅 18 世纪早期的瓷砖壁画描绘着死亡的景象。

就一直影响着城市并且成为第一次殖民扩张的动机之一。17 世纪时，问题和以前一样严重。玉米种植直到 18 世纪才开始减缓粮食短缺，但日常的主要谷物还是小麦、黑麦和大麦。一些种植在南部平原的小麦可以用沿海的船经由部分通航的萨多（Sado）河运出来。然而当海运可行时，往来离岸的岛屿还是更加容易。在 1631 年，革命爆发之前，里斯本已经用法国船进口了 60 船亚速尔小麦和相似数量的来自塞维利亚的西班牙谷物。在脱离西班牙之后，英国成为国外谷物的主要供应商。而当英国剩余产品供应不足时，里斯本就开始向英属北美殖民地购买粮食。因此葡萄牙维持了鼓励贸易的传统而非去鼓励国内的农业生产。然而进口"便宜"食物而不去培育国家自足的政策并没有改善城市中产阶级和贵族地主之间的关系。

由于盐、渔业和玉米等的传统生产不能将葡萄牙从贫困中拯救出来，佩德罗王子的摄政政府就怎样改造国家经济广泛征求意见。三个方案被提了出来，以使国家摆脱贫困，并且在以后的三个世纪里，这三个方案都被周期性地使用到了。第一个也是最难的方案是实行工业化，这个方案旨在更有效地利用本国的资源和人力。第二个方案是以移民的方式向殖民帝国输出人和技术，然后再依靠他们以现金或其他形式寄回母国的汇款。第三种方案是向英国或其他地方出口原材料和初级产品，再依靠外国的技术来供应制成品。在佩德罗王子执政的40年时间里，他尝试了所有三种方案，其中以工业化的尝试为开端。

独立初期制造业政策的基础就是未竟的纺织品生产。葡萄牙最大的单一进口商品和对国际收支平衡压力最大的商品就是编织布。尽管葡萄牙是一个养羊大国，但它只是将自己大量的羊毛作为北欧国家的纺织品原料出口。因此，摄政王的经济顾问埃利塞拉伯爵建议应该按佛兰德斯传统模式在葡萄牙建立起一个自己的羊毛纺织工业。"工厂"建在科维良，位于中央山脉脚下，既方便得到大量的羊群也方便获得干净的山泉。然而就像在其他发展中国家开展的新工业项目一样，这项试验并没有获得成功。经济创新引发了葡萄牙传统纺织行会的强烈抵制。他们不仅害怕更好的资本化工厂纺织业在市场上的竞争，而且也担心国有企业会挖走他们熟练的劳工。将单件工作外包给织棉工的中间商也对竞争提出抗议。在市场的另一边，消费者也抱怨当地的产品比不上英国精纺毛料的质量。带有一种强烈但又保守的时尚感的城市买家，也拒绝接受这种新的国产布料。政府保护新生产业，对纺织品进口强加限制，力图节约外汇，这反而激化了对抗。经济限制进一步加剧，甚至通过了旨在限制上流阶层过度购买外国产品的法律。城市进口消费者与农村传统纺织业者的愤怒与地方行省贵族的抗议交织在一起，后者将工业化视为对其古老社会地位的一种威胁。

反对工业化的地主找到了期待已久的支持者，这也不难预料，就是坚决保卫传统观念的宗教裁判所。在独立战争期间，宗教裁判所并没能阻止葡萄牙从西班牙分裂出去，在卡斯特罗·梅洛（Castelo Melhor）的独裁统治下，宗教裁判所也未能打破葡萄牙和法国的良好关系，以及从法国柯尔贝尔（Colbert）借来的现代经济规划思想。在佩德罗王子摄政下，宗教裁判所的成员们引发了贵族的恐惧，声称工业化可能会给王室带来独立的收入来源。而他们声称的这种王室自由，将削弱对王室的传统限制，促进朝向一种王权专制形式的发展，而这正是他们在1641年和1662年时都竭力反对的。宗教裁判所发现阻碍佩德罗的工业政策毫无困难。纺织品制造商被指控为犹太人的资本代理，在宗教裁判所的地牢中饱受折磨，以此来吓跑潜在的投资者。在对犹太教进行法庭调查期间，对织工的长期监禁使生产陷于停顿。判罚导致他们的财富全部被嫉妒的指控者没收，为了达到最大的威慑效果，一些工业家被当众处死了。这场迫害不是变态的种族歧视和宗教盲从的一种简简单单的大爆发，而是葡萄牙改革派和保守派之间权力斗争的中心部分。

宗教和种族迫害对17世纪葡萄牙社会和经济部门造成的伤害要比几个世纪后，当非理性的偏执令理性的利益冲突获得破坏力时，它们在其他发展中国家所将做的严重得多。葡萄牙的冲突不仅是乡村和城市、工商业者和贵族之间的对抗，也是在社会阶级内部的一种对抗。葡萄牙有一个特别积极有力的"买办资产阶级"，他们通过进出口贸易获得财富和地位。中产阶级中这些做贸易的人，在维持国际贸易的高水准中享有自己的既定利益，而不是在培植国内生产做到自给自足中享有既定利益。作为远远不是经济民族主义者的城市批发商，他们发现自己与外国供应商有一种共生关系。这正是法国和他们的本地代理商都不想看到葡萄牙发展本国丝绸工业的原因——这将限制法国丝绸在葡萄牙的市场。

图14 在葡萄牙的英国高级资产阶级被邀请去波尔图英国港口商人壮观的"工厂之家"里喝酒和跳舞,在"甜点厅"里美食家们品尝着各种美味佳肴。

法国商人阻止佩德罗政府在法国招募工匠的企图,并为1692年大旱灾给葡萄牙丝绸生产商带来的困难而欢欣鼓舞。由此,里斯本滨海的进口商发现他们已经陷入了一个外国供应商和保守贵族相勾结的邪恶同盟,两者都反对政府的经济发展政策。这个资产阶级圈子里最有影响力的合伙人就是英国人了。

里斯本的英国贸易社群,统称为"工厂",是一个在滨海拥有稳固的基础、组织严密、享有政治特权的贸易代理人社群。尽管有时宗教裁判所将歇斯底里的仇外情节指向英国人,但工厂成员依旧保持了他们在独立战争期间赢得的权利,践行着自己的新教信仰,维持着自己小心用墙围起来的墓地。保护这种英国联系的战略元素便是皇家海军,在捍卫葡萄牙和它的殖民帝国免遭敌人攻击上,皇家海军要比法国或西班牙的舰队都更为有效。在外交上,葡萄牙通过布拉干萨的凯瑟琳也与英国紧密相连，她一直是英国王后，直到 1685 年。然而，比这种战略和外交结合更为重要的是与葡萄牙经济利益的古老结合，这种结合试图阻止葡萄牙进口替代工业的产生、维持与英国的商业往来。与英国工厂联系在一起的当地代理人和零售商自然也满足于继续从英国的生鱼、精纺毛纱及更突出的小麦的供应中获得一份收益。因此，正是"葡萄牙贸易"帮助英国的谷物种植业主发起一场农业革命。而葡萄牙却没能走上相同的道路。相反，它再次将目光转向殖民帝国，力图在不打破竭力阻碍经济创新的、危如累卵的社会秩序的前提下，去解决不断严重化的收支平衡赤字问题。

　　古老的亚洲海洋殖民帝国曾大量吸引了来自葡萄牙港口和东边阿尔加维的移民，但还没达到压倒性的数量。重新收复的巴西陆上，殖民帝国需要更多的人口去开发这半块人口稀少的大陆上的农业潜力。就像已经被英国或法国的经验所有力证明的那样，移民，尤其是那些来自人口密度很大的葡萄牙北部的移民，可以替代一场可能会剧烈改变社会结构的国内农业革命，发挥同样的效用。葡萄牙移民，作为一种经济发展的替代物，直到 19、20 世纪才达到顶峰，但是的确已经在 17 世纪出现了。在巴西的蔗糖和烟草移民种植者被期待去应对这个不断变化的世界市场，好为葡萄牙赢得收入去支付从英国的进口。

　　在 17 世纪后期，葡萄牙对巴西农业日益增长的依赖因市场环境变化而成为死穴。尤其是北方强国对加勒比海群岛大规模的殖民征服导致了激烈的殖民竞争和糖价的下跌。为了弥补收入的损失，将导致的收支平衡危机减到最小，古老的巴西产糖殖民地巴依亚将自己的产业扩大到烟草种植领域。一个皇家烟草专营制度被建立了起来，这给政府带来了显而易见的好处，因为烟草税不是给某一贸易公司的而是直接上交王室。殖民地烟草税成为王室收入的一个主要来源，这也就避免了王室与贵族之间很多原有的财政冲突。巴西的出口烟草被涂上蜜糖，每2.5英担用牛皮纸包成一卷，从而获得了绝佳的保存性，能囤积起来进行投资或者投机。葡萄牙把嚼烟出售给法国人，把鼻烟出售给印度人。烟草也成为那些必须汇集在非洲用以换取奴隶的货物杂烩中一个重要的项目。尽管英国种植园主在弗吉尼亚发起激烈的竞争，巴西船队每年带到欧洲的2万卷烟草中仍有许多被卖到了英国。然而到17世纪80年代，就像之前的蔗糖贸易一样，烟草贸易衰落了。1688年，葡萄牙被迫通过降低汇率给殖民地烟草的再出口提供价格优势。10年后，当巴西淘金潮开始时，烟草种植者获得了一种完全不同的利好，因为淘金者成了烟草的大消费者。

甘蔗种植者和烟草种植者都没有把欧洲移民广泛用作田间劳力。对于那些最繁重的工作，他们依赖于现成的奴隶劳力供应。17世纪的葡萄牙通过购买、喂养、运输和销售大约50万非洲奴隶工人获得了一些利润。尽管葡萄牙缺少船只和水手，但仍旧成功地经营着庞大的横跨大西洋的被拐孤儿、囚犯、罪犯、债务人、强征劳力和被绑架旅客的移民事务，这些人是奴隶贸易的补充。为换得这些人类"商品"和一点王室专营的象牙，奴隶商向西非巨商们提供了酒、布匹以及烟草。在安哥拉，来自里约热内卢的巴西军事总督们通过武装行动拓展了猎奴场地，向内陆推进了100英里，使白人和黑人贸易商群体都蒙受损失。古老的非洲刚果王国和安哥拉王国被紧随葡萄牙独立的殖民战争切实地摧毁了，但是奴隶贸易依旧又繁荣了200年。然而，殖民地的财富并不足以将葡萄牙从17世纪的贫困中拯救出来，佩德罗王子的政府再一次将目光转向更具争议的国内经济改革和发展问题上来。

完整或部分地解决葡萄牙农业欠发达这一问题的长期方案需要到酒类贸易中去寻找。作为一种被看好的拯救葡萄牙经济的手段，酒类贸易具有许多优点。最简单的技术上的优势是，要想通过对出口酒征收关税来提高国家收入手续是非常简单的，不需要对王室书记使用的原始记账系统做出任何改革。要想将国库收入来源转为国内生产税收可能需要一场官僚革命，而这很有可能超出了葡萄牙温和教育制度能够应付的限度。关注葡萄酒生产不仅有世俗的实际好处，酒类贸易还具有不太冒犯宗教裁判所和农业保守主义力量的意识形态上的优势。的确，在1683年，当波尔图英国酒商的异端行为变得太过露骨，佩德罗也无法阻止他们被教会驱逐。但是总体上来说，对于那些种植葡萄并用古老方法酿酒的大地主来说，外国酒商还是可以接受的。有时候酒类运输商在英国很难找到确定的销路，因为那里的消费者更喜欢来自波尔多的红葡萄酒而不是来自17世纪葡萄牙的劣质红葡萄酒。但是，地方性战争意味着法国葡萄酒并不总是可以得到。英国出口商显然更愿意葡萄牙人用金银来购买他们的布匹，但是在货币供应短缺时，他们也能接受用酒来偿付。在17世纪80年代早期，葡萄牙经济在经历了70年代的衰退后出现一个温和的基于葡萄酒业的复苏。其领头者是马德拉群岛。

来自意大利的热那亚商人银行家最早开始了在马德拉岛上的殖民，他们将其打造成一个与葡萄牙紧密相连的小麦种植岛。此后，马德拉岛逐渐转向蔗糖生产，直到它的贸易被不断崛起的、拥有更好土地更廉价奴隶劳力的加勒比大型甘蔗种植园所打败。马德拉岛只好再一次转变它发展农业的策略，而这一次是转向酒类生产——把酒卖给它以前在加勒比地区的蔗糖竞争者。慢慢地，马德拉酒在稳定性和质量上得到了改善，英国酒商的特许殖民地在岛上建了起来，他们开始把酒贩运到英国本土和其他英国殖民地。到17世纪晚期，英国酒类出口商在葡萄牙北部大陆的维亚纳和波尔图得到了新的关注。一家与那些在里斯本的英国工厂具有同样特权的工厂被建了起来，葡萄酒出口也上升到每年1 000桶。在18世纪，波尔图的葡萄酒贸易已成为葡萄牙最大的产业之一。然而在此之前，政府还采取过其他策略以拓展国家财富的根基。

在17世纪下半叶，两位政治思想家——安东尼奥·维埃拉神父和埃里塞拉伯爵①曾试图改变葡萄牙的经济结构。维埃拉是一位耶稣会作家和若昂四世的亲密顾问，曾是加尔文教荷兰和天主教葡萄牙的和平协议中的关键角色之一。他希望随着独立的实现，葡萄牙能与犹太群体取得和平，并设法让流往阿姆斯特丹的葡萄牙资本尽快返回国内。他大胆地前往荷兰并且会见了在阿姆斯特丹犹太教堂里的流亡者，可因为他穿的是贵族服饰不是教会服饰而引起了许多流言。在犹太教堂里，他听取了结束新基督徒面临的司法缺失的要求。难民们要求，对异端的审判不应该以匿名揭发和基于种族的忠诚心判断为基础，而应以具名的对非法崇拜的具体指控为基础。他们还要求任何作为投资返回葡萄牙的资金必须免于教会迫害事件中的司法没收。与英国清教徒最终获得的成果相比，维埃拉为那些改宗犹太人争取更为开放的宗教气氛的努力仅获得了有限的成功。对于他在经济领域的创新，甚至连他自己所属的耶稣会都怀疑在葡萄牙建立荷兰式的联合股份公司是否明智，因为这可能会限制耶稣会在殖民地的生产。宗教裁判所更是从根本上反对维埃拉的创新和宽容政策。在当地贵族的支持下，宗教裁判所成功地把他软禁在一座修道院里，并最终把他放逐到罗马，在那儿，他成为17世纪欧洲最伟大的传教士之一，然而却失去了对葡萄牙所有事务的政治影响力。1667年他最终离开葡萄牙，让保守派取得了优势。然而，后来经另一位经济现代化推动者、王室顾问埃里塞拉伯爵的努力，他的事业又得到了复兴。

---

① 安东尼奥·维埃拉（1608－1697），葡萄牙耶稣会士和作家，当时天主教的"演讲王子"。路易斯·德·曼尼塞斯（1632－1690），第三任埃里塞拉伯爵。——译者注

正是埃里塞拉最终意识到葡萄牙的社会保守力量实在太强大了，不会允许政府坚持工业化的政策，因此他需要让货币贬值，以使传统的农业出口商能与地中海地区的出口对手相竞争。虽然葡萄酒生产商是第一个从1688年货币贬值中获益的，软木、柠檬和羊毛贸易也感受到了财政上的刺激。不久以后，因为世界贸易的进步，里斯本出口了1万桶橄榄油。荷兰购买了300万蒲式耳的盐用来交换波罗的海的木料、小麦和鱼。与英国的新鲜柑橘贸易也能带来每年5万个金币的收入。从巴西到北欧市场的中转贸易也受益于货币贬值，每年大约要从巴依亚引进10万张经过鞣酸处理的牛皮用在皮革和制鞋业上。然而所有的这些增长还不够。出口到英国的商品仅值25万英镑，远远不能偿付每年价值50万英镑的进口。仅纺织业一项的进口就超过了整个葡萄牙农业生产的出口值。每年的玉米缺口仍然达到100万蒲式耳。甚至在大旱灾加重困境的前夕，埃里塞拉就于1690年自杀了。

世纪之交见证了在葡萄牙许多的改变。佩德罗王子，即当时的佩德罗二世，已经知道如何去平衡国家中的各派，也不再同保守力量斗争，这股力量对于他来说太强了。1700年，他默许了宗教裁判所对羊毛厂的另一次打击，18个大厂主被逮捕。他意识到巴西与日俱增的重要性，并且他非常幸运，因为在1697年，住在圣保罗边远地区的人意外地在内陆发现了黄金。在接下来的30年中，葡萄牙从黄金贸易中收获颇丰，以至于能暂时放弃在生产领域寻找新的创新。新的财富意味着王室有足够的收入去支付国内消费，这样就不用再召集议会了。直到1822年，紧随法国大革命的葡萄牙革命爆发之后，葡萄牙议会才再次被召集。

未能在17世纪60年代站稳脚跟的葡萄牙专制主义，却在18世纪很好地建立起来。以至于国王的大臣们要比普鲁士腓特烈大帝的大臣们享有更大的权力，而普鲁士的腓特烈正是开明君主制的原型。

第二章　17世纪的反抗和独立　53

图 15　埃里塞拉伯爵是试图改革葡萄牙生产能力的杰出现代政治经济学家之一，但遇到的困境使他于 1690 年自杀。

然而，18世纪前后，葡萄牙财政外交最有持续性的事件还是1703年《梅休因条约》的签订。《梅休因条约》的前身可以追溯到1353年在波尔图和伦敦两个港口之间签署的商业条约。《梅休因条约》的签订要比英王爱德华三世和葡萄牙斐迪南之间达成的王室条约早20年，也要比《温莎条约》的签署和王室联姻早33年——这次王室联姻生下了引领葡萄牙海外殖民扩张霸业的王子。18世纪发展出的古老联盟既是战略上的也是经济上的。保罗·梅休因于1703年5月16日谈判签订了军事条约。当西法波旁王朝联盟可能威胁英国进入大陆的通道时，这份条约给了英国进入葡萄牙的途径。在条约第二款中，英国安妮女王同意：

> 神圣大不列颠女王陛下代表本人及其继承人在此承诺，以葡萄牙领土所种出的葡萄酿成的葡萄酒，始终可以进入英国，且无论何时、无论英格兰王国和法兰克王国处于和平还是战争之中，均不得直接或间接、以关税或进口税的名义或任何其他理由，对葡萄牙的葡萄酒征收额外的税收。应征税额为同数量法国进口葡萄酒的三分之二，无论其进口运输方式是酒桶、大桶还是其他容器；如果在任何时候，前述降低税率的条款受到挑战或者违背，那么神圣葡萄牙国王陛下有权再一次抵制英国羊毛织布或其他羊毛制品。
>
> 引自卡尔·A. 汉森：《葡萄牙巴洛克时代的经济与社会》（麦克米伦，伦敦，1981）第1668－1703页

巩固《梅休因条约》对于葡萄牙来说非常重要。销往英国的葡萄酒，过去曾随着法国竞争者数量的增长而上下波动，现在却得到了优先进入的保证。

第二章 17世纪的反抗和独立 55

图16 这是由约瑟夫·海默绘制的保罗·梅休因画像。他的父亲约翰·梅休因曾于1703年谈判签署了史上最著名的商业条约之一,从而长久地将葡萄牙经济与英国联系在一起。

里斯本政府现在能够保障足以平衡进口的定量出口了,在知道他们拥有一个稳定市场后,土地利益群体便能放心地将他们的注意力集中在酒类生产上了。现代化的反对者们看到了他们支持安全而传统的单一产业政策的胜利。然而,该条约也不是单方面对葡萄牙有利,英国得以在一个虽小但重要的市场里不受阻碍地销售纺织品和衣服,那儿再也不会有规模显著的当地产业能比他们更高级或更廉价。此外,酒和羊毛协议也为英国布料在大西洋殖民地提供了出路。《梅休因条约》本身一直延续到了 1810 年,即拿破仑和威灵顿的军队入侵葡萄牙的时候。但是,此后无论好坏,英国和葡萄牙的伙伴关系又延续了很长时间。

第三章　18世纪的黄金时代和大地震

近代葡萄牙的黄金时代肇端于18世纪。国王佩德罗在位直到1706年，见证了巴西矿业繁荣的前10年。但是，是他的继任者若昂五世在葡萄牙艺术和文化取得巨大繁荣时在位。正如16世纪早期第一位殖民国王曼努埃尔治下那样，建筑业繁盛了起来。西班牙用拉美采矿业收入建造出富丽堂皇的建筑被葡萄牙皇家宫殿和贵族庄园所模仿。一小部分有文化的精英开始亲近求知的世界，建起很好的图书馆。外交官，甚至是王室成员穿越欧洲进行旅行以获得国际观感。教堂奢华地使用着镀金雕刻和装饰性饰品。贵族们穿着他们最好的衣服招摇地坐在四轮大马车里。但是少数人的富有伴随着大多数人的贫困。农民们几乎生活在封建依附的条件下。宏伟的宫殿并没能转化为家庭和农村住房的进步。学识在贵族圈的流行也并没有折射出任何公共教育或者大众识字率的进步。葡萄牙教会依旧是天主教欧洲中最保守的教会之一，并且继续压制公开的质询。经济上依旧与英国紧密相连，阻止了工业基础的扩大。基本需求和生存一直是大众在这段"黄金时代"里的标志性体验。社会和经济上的变化并没有开始影响葡萄牙，直到巴西黄金带来的轻松岁月告终、1755年里斯本大地震摧毁了首都的商业中心。

18世纪早期的上流社会以里斯本河畔大广场上的宫殿为中心开展活动。尽管紧张的政治局势分裂了王室和贵族，王室里还是住满了请愿者和渴望在宫廷上露面的外国观光客。最严格的礼仪规范着等级秩序，国王俨然一副遥远而不可亲近的形象。大公通常包含一些公爵、十几个侯爵和三十多个伯爵。在他们之下是一些更小的贵族和数以千计的贫困骑士,例如基督骑士团这类军事修会的成员。贵族血统被看得非常重要,但是社会流动也是可能的。法官、将军和学者都能获得贵族地位。有身份的人把大量的时间花在和同辈在家进餐、交流社会和政治传闻上。有时他们也隐藏姓名,去寻找一些稍微有点罪恶的乐趣,比如去看看里斯本奴隶活泼的非洲舞蹈,艳羡一下漂亮的黑人女子。然而上流社会的白人妇女却被阻挡在公众视线之外,由她们的男性监护人充满嫉妒地保护着。富有的男人有时会带上一位正式的情人,直到他找到一位社会地位相匹配的妻子。当分开时,那些幸运的情人会被给予一笔养老金并获得在修道院的终身生活保障,而他们的孩子将一并加入父亲的社会阶层。里斯本的贵族都是些赶时髦的人,他们乐意被人看到穿着最新款式的巴黎服装。据说,国王拥有的衣服数量要比里斯本所有时尚商店拥有的衣服全加在一起还多。为了能使他们的时装在既作排水沟又作公共厕所的狭窄街道上保持干净,那些漂亮的人都坐在轿子里,用帘子把公众视线隔开来。当教士出去吃饭喝酒时,也有自己的脚夫、马车和护卫。一年中最盛大的节日要数耶稣圣体节,那时城市打扫得干干净净,就连上层社会的妇女也被允许走上街头去看看国王、王后和在旁边骑着马的枢机主教。大概是一年一次的样子,为了去看一次宗教法庭的公开审判,非犹太社会也会去参观圣文森特教堂。不管是什么身份,被判刑的男男女女都会被拉着游街。黄昏时分,那些被判死刑的人就会被烧死在火刑柱上,以此来显示教会依旧比国家更为强大。

  18世纪葡萄牙财富和特权的核心支柱是17世纪90年代晚期在巴西发现的金矿。这些内陆高原上的矿床在白人殖民者和他们的黑人奴隶中掀起一股淘金热。到1700年时,这些非法的边境营地每年大约可淘出5万盎司黄金。5年后,收入跃升到每年60万盎司黄金。葡

图 17 一幅当时的雕版画描绘了一大群人聚集在里斯本的滨海宫前观看宗教审判的受害者被施以火刑的场景。

萄牙帝国第二次成为世界上最大的黄金生产国。采矿业也刺激着整个巴西经济。牧场主源源不断地向矿场提供着肉和皮革，并把他们多余的产品出口到欧洲。捕鲸业为当地提供餐饮用油，也为出口创收作出贡献。烟草种植者发现他们的市场不仅在矿场也在海外得到了扩大，因为矿场主把烟草卷卖到西非以买进新的奴隶来挖矿。尽管 1701 年签订的西班牙为法国供应奴隶的条约使葡萄牙奴隶主损失了一些生意，但是一项贯穿南美的走私贸易依旧保持着繁盛。制糖业蒙受了劳动力流失的损失——他们都流向了采矿业——但是凭借来自非洲的新进口源艰难渡过了难关。正是由于巴西的繁荣，葡萄牙王室被视为是欧洲最富有的，他们考虑着要把宫廷搬到里约热内卢，放弃帝国贫穷的欧洲部分。这个主意早就有了，但是直到 100

年后才得以实施。

对在欧洲的广大葡萄牙人口来说,巴西经济的扩张还有一个更为重要的影响——这就是移民的机会。16世纪时,葡萄牙用对外移民的方式在亚洲建起了它的第一个殖民帝国。20世纪时,葡萄牙用移民而非投资的方式在非洲建起了它的第三个殖民帝国。在这两轮移民之间,美洲第二个殖民帝国的成型也以寻找财富的游荡者的流动为基础。殖民地人口从1636年的100万上升到1732年的200万再到1801年的300万。18世纪去往巴西的白人移民在数量上并不能与受迫的非洲奴隶移民相比,但是这种来自葡萄牙北部少地农民的流动却为母国打开了一个长久的缓解人口压力的安全阀。尽管英国在南美的经济影响力不断上升,葡萄牙移民还是确保了巴西在文化、语言、宗教和饮食上具有鲜明的葡萄牙特色并在独立后也保持如此。

葡萄牙王朝在不同方面从巴西这一宝库受益很多。旧有的收支平衡问题在近两个世纪里得到了解决,18世纪60年代之前再也没出现过一次严重的危机。不断增长的殖民贸易税收意味着无需经国会讨论就能获得又一种国内收入的来源,而且从金子涌入里斯本开始,在长达一个世纪的时间里议会就再也没被召集过。若昂五世也能建立起一个表面上与更加富有的法兰西王国非常相似的绝对专制政权。他的个人统治与刚开始时的英国议会民主截然不同。凭借如此多的财富,他便能忽视葡萄牙国内经济中所有旧有的结构性问题。只要谷物和布匹能够进口,贫困的农业、发育不充分的交通业和微乎其微的工业发展便都被忽视了。

甚至商船舰队也能被忽视,因为当时能雇佣外国水手来守卫庞大的船队。通过赠送一小篮印有国王画像的金币,葡萄牙的每一个问题都能暂时得到解决。若昂国王的宫廷开始关注于盛大的仪式和纪念庆典,而居住在葡萄牙的英国侨民此时则转向从事国际贸易。

图 18　这幅1730年的蓝色瓷砖壁画展示了里斯本的房子和花园露台高耸入云的景象。地点是海滨后的船坞，正对着城内的阿尔法马广场。

黄金时代持久特征之一是一份公共工程的遗产。在科英布拉，大学图书馆得以重建，并用最显眼的镀金饰品进行装饰。坐落在远离河流的平原上的布拉干萨宅院也以宫殿般的标准被重新修建。里斯本城任命工程师来建造一条巨大的罗马式高架水渠，通过跨在山谷上的200英尺高的石头柱子把新鲜的水从山上引下来。议员们并没有说服国王来资助这项工程，但他们却能通过对这座黄金城市里的大众消费品——比如肉、酒和橄榄油等——征税来募得资金。国王自己则关心一项更为宏大的建筑计划，即他在马弗拉的庞大宫殿群。

马弗拉宫殿群是以西班牙的埃斯科里亚尔①为模型在乡村进行的仿造，远离来自城市民众的压力。1 000多间屋子里奢华的家具陈设

---

① 是历史上西班牙国王的居所之一，位于西班牙首都马德里西北45公里处，以其建筑而出名。——译者注

图 19　马弗拉宫部分地模仿了西班牙的埃斯科里亚尔，反映了葡萄牙在 18 世纪巴西矿业黄金时代的虔诚和富有。

与套间和庭院的优雅设计相得益彰。与环绕在周围的贫困乡村相比，马弗拉宫建筑物及其几何型花园的规模令人惊叹。高大宏伟的建筑还包含了一座宏伟的巴洛克式修道院以及一座适合王室阶层的教堂。布拉干萨家族不想让自己看上去比他们的西班牙邻居少一点虔诚，因此按腓力二世喜欢的方式将修道院整合进王室寓所里。18 世纪像伏尔泰这样对宗教持怀疑态度的人用理性主义的鄙夷口气谈到这项工程，并暗示若昂国王实际一直幻想用修女来做情妇。然而，对当地人来说，被绳子捆起来的强制劳工团和监工的军团为他们提供了足以受用一生的工作机会，尤其是有 7 000 辆小车和大车需要租用，役畜需要喂养。

来自巴西的财富是如此之多，不得不小心保护，以防海盗和走私犯。葡萄牙的水手既是海盗行为的从业者又是受害者。传统上来说，巴巴里海盗①只会为了赎金去抢劫富有的基督徒，将贫困的变为奴隶。但是到了18世纪，他们也开始渴望抢掠来自巴西的整个商船队。与之相竞争的葡萄牙海上乞丐使用大西洋上的岛屿而不是摩洛哥港口来对王室航运进行掠夺性的袭击。当商船队驶近亚速尔群岛进入欧洲水域时，海上战斗人员便被租来保护他们，其中一些还是由英国提供的。危机是如此的严重，以至于那些去里斯本的富有的乘客被建议再带上一本由一个对穆斯林国家友好的政府签发的备用护照。然而从王室的观点来看，走私是一个比海盗要严重得多的问题。在1697年，为了强化对南美船长的控制，巴西木贸易（巴西的国名就来自这种染料木）变成了一项王室垄断的业务。这种限制没有效果，全体船队成员继续逃避各种私人货物的税收，如果必要的话，就通过贿赂海关官员的方式让他们视而不见。皇家烟草专营也经常被那些商贩所破坏，他们将成卷的烟草藏在蜂蜜桶里面。因为烟草种植被引进葡萄牙，烟草税被逃得更厉害了。葡萄牙北部一个遥远的女修道院被查到在一天就卖出了250磅种在修道院墙后的非法烟草。在南方，那些被雇来将殖民地烟草背过山送往西班牙的赶骡人，经常就专在家乡市场上免税出售他们的包裹。当1697年议会最后一次碰头时，曾尝试对烟草征收保护税。然而这个计划失败了，王室改将烟草税的征收转包给一个商人协会去处理，并威胁要把所有的走私犯流放到充满瘟疫的安哥拉海岸5年。

黄金很快超过烟草成为王室收入的主要来源，但是税收的征集同样困难。所有的金粉理应都在矿头被铸成金币或者金锭，并由王室监管该过程，这样其中的五分之一就能被王室单独拿出来。然而走私是如此的猖獗，以至于在1705年，估计只有5%的金矿产出被

---

① 指那些在北非海岸活动的所有穆斯林海盗。——译者注

送达国库，而不是规定的 20％。最成功的走私者是那些不受政府调查的修士僧侣，他们将钱夹藏在自己的长袍下。偷盗的僧侣据称达到了这样的规模，有一段时间所有的神职人员都被从巴西的矿区赶出去了。黄金也被走私到美洲的其他地区，并被免税卖给欧洲买家。这种陆路走私进一步剥夺了王室用来资助一支有效海关力量的地方财政收入。在淘金热期间，当穿过巴西北部的葡萄牙移民和来自巴西南部最早发现矿床的圣保罗人为争夺矿产的内战爆发的时候，政府的控制力下降得更加厉害。在 1708 年，里约热内卢总督凭自己的当地军队入侵了产矿省份，并建立起一套基本的政治和财政秩序。采矿业继续保持繁荣，但是最终的受益者既不是巴西也不是葡萄牙，而是英国。

在采矿业发展的顶峰年月，葡萄牙和英国之间的贸易逆差从 18 世纪 20 年代的 50 万英镑一下跃升到 50 年代的 100 万英镑。这种逆差必须用金条来支付。尽管葡萄牙的酒类贸易受惠于《梅休因条约》很多，并曾一度占到葡萄牙出口的 90％，但是出口的收入还是不能满足不断上涨的进口花费。还没算上木材、木桶板、鱼、大米、玉米和其他来自英属北美殖民地商品供应的花费，对英国精纺毛纱、枣红马和斜纹哔叽布料的支出就已经超过了酒类的收益。葡萄牙的农业出口也不够抵偿英国在里斯本和波尔图的隐性收入。不管是鳕鱼贸易还是纺织品贸易都是建立在信贷贸易的基础上的，要付出大额乃至高利贷性质的利息。航运服务也使英国获得可观的无形收入。在半个世纪多一点的时间里，价值 2 500 万英镑的金条落入了英国人之手，以此来平衡国际账务。

拥有将黄金运往英国的最快航线使法尔茅斯获得一项常规的巨额收入，他们用快船来躲避海盗。1741 年 1 月中旬的船班上有运往英国的价值 2.8 万英镑的黄金，属于 61 名客户。这艘船就是海盗绝佳的猎物。在18世纪60年代的某一年，法尔茅斯进口的巴西黄金价值89.5万英镑。从1325年开始，除非谷物严重紧缺，否则出口金条在葡萄牙是违法的。为了绕过这一有趣的技术难题，这些运金船通常都会被免检。当这么做符合王室的心意时，黄金出口始终属于非法的口实便使葡萄牙国产税事务员能够不断骚扰外国贸易者甚至查抄整批货物。为避免这种损失，小贸易公司就用合法的汇票来进行汇款，而那些大的英国公司，由于受到领事和代理商的支持，继续冒着风险运出金块。为了获得更大的安全保障，他们有时会雇佣皇家海军的船来进行交易并付给船长一笔佣金。正如欧洲其他地区一样，葡萄牙金币在18世纪的英国畅通无阻地流通着。

葡萄牙堂皇的帝国繁荣在矿业革命结束30年后第一次遭到了威胁，那时最容易开采的巴西金矿已经日趋枯竭，而且新矿开采成本开始上涨。幸运的是，对于那些靠殖民关系发家的人来说，当发现巴西拥有可观的钻石储藏时，一种新的财源出现了，尽管同样短暂。钻石贸易增添了王室的光辉和传统殖民的收入，使最终破产的那天得以推迟。钻石贸易由里斯本的尼德兰领事垄断，他们组织装船运往阿姆斯特丹的钻石工厂，那里专门从事钻石的切割和抛光。矿业财富继续维持着王室，直到若昂四世于1750年去世。此后，当巴西贸易变得不那么好时，若昂四世继承者若泽一世的大臣们就不得不面对增加葡萄牙国内财富的老问题了。然而在他们开始这样做之前，由于1755年的里斯本大地震，葡萄牙的整个国际贸易被严重动摇了。灾难摧毁了英国工厂，淹没了海关大厦，并且烧毁了整个市中心。

里斯本地震是最具毁灭性的自然现象，扰乱了18世纪欧洲平和的心境。伟大的启蒙思想家争论它的原因和结果。教会纳闷为什么它就始于万圣节聚会期间，害死了如此多的信徒。商人们为残垣断壁埋住了他们的积蓄而恐慌。王室成员逃往农村,在野外宿营长达数周而不敢住在有屋顶的住所里。在最后的震动消失后,大火又席卷全城数日。一位年轻的修女凯蒂·威瑟姆,向在英国的母亲发出了一份有关她苦难经历的动人叙述:

> 当可怕的事件发生时,我正在清洗茶具。开始就像马车的颠簸。我面前的东西在桌上上下颤动。我四下环顾,看到墙壁在摇晃并倒下。我念着耶稣的圣名,起身跑向圣坛边,认为那可能会安全一点,但是那里根本没有出路,我身边都是坍塌物。空中弥漫着石灰与灰尘,什么也看不见。我遇到一些善良的修女,她们大声哭喊着跑向下面的花园。我问她们其余人在哪里,她们说就在那里。感谢主,我们碰到了一起。跑出不远,我们高兴地看到另一个活着的人,而且看上去还不错。我们整日祈祷,但仍然充满了恐惧和惊扰。我们日夜战栗和颤抖着,自从那以后就一直这样。只有上帝知道这一切会怎样,什么时候才能结束。昨天晚上我又经历了一次骇人的事件,让我们再一次感到非常惊骇。我们盖着一条毛毯在一棵树下待了8天,每次当风吹动树叶的时候,我和其他一些人都感到是如此的令人惊恐。我认为我们应该离开这儿,不可能一直在这儿待着。所以我们去到空旷的地方,充满愉悦地睡下了。伟大的主赐给我们一个用树枝和垫子覆盖的小地方,在这儿我们又度过了几个晚上。那天早上,几名神父加入我们当中,他们高兴地看到我们还活着,就像我们看到他们一样。我们进入花园中的一幢小木屋,两位好神父和我们中的大约半数便在屋中起居,但我们平时在自己的隔间起居,自万圣节以来都没有在隔间外睡过,因此我感到很不适,但我乞求上帝接受我的悔过。每天5点,还有勇气住在上层的人会敲钟,为那些想做晨

祷的人服务，如果夜里没有受惊吓，我们是会去做的。可有时夜里会震动，使我们恐惧，便不敢做晨祷。因为我们的修道院很高，要走二三十级台阶才能上去。在我们 35 间房间里，没有一间是可以起居的，需要加以修缮。自那以后，教堂的大门没有开过，也没有信众前来，里面一片瓦砾，唱诗台、餐厅和厨房也完全塌了，所以我们必须竭尽所能地让天主喜悦，给我们赐福，因为再没有天主的赐福，我们就无法承受了。见过里斯本灾前和灾后样子的人将大为震惊，城市只剩碎石瓦砾。估计有 4 万幢房子被毁，而最可怕的是，很多可怜的灵魂因为一场大火，被困在废墟中，没有丧命，也无法逃脱，有的被活活烧死，有的被活活饿死……亨利·富兰克林爵士是克林豪尔先生的故交，地震时，他正要进入马车，发觉屋子将要倒塌，便跳下车，可还是被压到。

图 20　当时的绘画作品，描绘了里斯本地震之后满目疮痍的场景。

他从空隙中爬出,看到另一条街很多人幸存。他用葡萄牙语说"Vene",就是过来的意思,并把这些人都救了。他的马车毁了,仆人和马都死了。

引自罗兹·麦考来:《他们去往葡萄牙》
(伦敦,1946)第 269－270 页

所有里斯本人的遭遇和这名英国修女一样。社会每个部分都以自己的方式应对。宗教裁判所担心犯人在灾难期间逃脱。在被损坏的宫殿的地牢中等候审讯的罪犯被捆绑在骡子背上送往科英布拉,然后再被囚禁起来,而另一些罪犯被赦免。富人们花钱购买船票,把家人送到国外寻求安全。外国人涌进没被大火殃及的大使馆周围小丘上的房屋和花园中。抢劫者和纵火犯被就地处以绞刑。商人们在商店和仓库的灰烬中寻找还有什么值钱的东西留了下来。银行家拒绝支付任何账单并停止了一切信贷交易。在更下级市区的葡萄牙零售商损失了他们所有的布匹,其中大多数布匹是他们向英国"工厂"成员赊购的。尽管他们设法获取食物供应,国王已确保他的善意,"工厂"成员自己也几乎失去一切。海关大厦和印度大楼被摧毁了,所以没有新的贸易可以合法地进行。英国商人去拜访国王的大臣,要求将海关大厦的重建作为一项紧急事务。他们被礼貌地拒绝了,并且被告知人道主义救援必须优先考虑。为了避免饥荒,纽芬兰鳕鱼船队被政府征用去进行紧急粮食分发,这引起了一直觊觎这只船队的英国商人没心没肺的懊恼。当外国团体开始进行估算时,才确定原来地震中的大多数英国遇难者是"不知名"的爱尔兰工人。英国社会的中产阶级仅仅死了 49 个女人和 29 个男人。6 个月内,"工厂"就再次开始运作,并且得意地宣称,利用这场紧急事件,他们比外国竞争对手抢先了一步。

重建的直接工作由教会和贵族成员承担。若昂五世的私生子们表现得很慷慨。家长制的教会让神父们各安其位，这样死者终能得到妥善安葬，生者也得以慰藉。一名王室公爵承担起维持法律和秩序的责任，他召集起军队并加强海防抵御海盗。新国王在危机处理上表现得明智而主动，难民的恐慌逃难潮也最终得到遏止。里斯本地震最具戏剧性的长期后果是决定按一种在西属美洲新建城市得到采用的网格状结构完全重建下城区。海滨的王宫已经被破坏得无法修复，于是计划修建一个新的巨型广场，将若泽一世的骑马雕像立在广场中央，而王室寓所和政府办公室则环绕在它的三面。在广场背后，城市的商业区和住宅区将按常规的样式设计。为了能在被地震翻起的淤泥上进行重建，数以千计的木塔被从北欧运过来作为地基。在这些木塔上面，漂亮的多层石头建筑被设计成一种规则的建筑风格。人们计划要将里斯本建成为欧洲最好的城市。虽然正在减少，但巴西残存的财富却被期待着资助这一伟大的愿景。然而该项目执行得非常缓慢，直到1777年若泽一世去世时，这座华丽的城市还远远没能完工，而他著名的首席大臣蓬巴尔侯爵也失去了自己的地位。与此同时，大量的简陋小屋在环绕里斯本的 7 座小山附近的空地上大量涌现。这就是处在水深火热中的平民难民居住的地方，而贵族、寡头和牧师们却修复了他们的石头居所。

里斯本地震的影响远远超出了城市的重建。随着灾难中的受害者焦急地在废墟中搜寻他们钟爱的遗物、十字架和圣母像，一些恶意的神学指责爆发了。牧师们向他们的教区居民宣讲一种夸大了的原罪恐惧，令想要避免恐慌升级的政府十分不快。一个直言不讳的耶稣会会士指责政府采用了无效的权宜之计，而人们本应该在更大的惩罚降临之前挽救自己的灵魂。他半疯狂的举动让他变成了当地一位很受欢迎的"圣徒"。为了阻止他的说教，他被交给了宗教裁判所，后者公开

图 21 1147 年,十字军占领了摩尔人的城堡,这些高大的建筑在里斯本十分醒目。方塔形大教堂坐落于王宫海滨柱廊的后面,于 1755 年大地震后被重修。直指天际的教堂是圣文森特大教堂,其中发现了努诺·贡萨尔维斯的斐迪南王子圣坛装饰画。

展示了他的"异端"行为。1761年他被绑在火柱上、在里斯本游街示众,其骨灰最终被撒入大海。在一个仍受虔诚与盲从的合力摆布的国家出现如此恶毒的宗教情绪,引起了国外的关注。伏尔泰对于这次地震造成的破坏有着特别深刻的印象。虽然谨慎地避免进行宗教诽谤,他还是写下了对上帝掌管下的世界注定美好这一信条的质疑。在他的讽刺小说《老实人》中,主人公在地震期间访问了里斯本,遭受了自然灾害导致的所有困难和宗教裁判所的迫害,但是仍然表示深信这个充满微笑的讽刺,即一切都是为理想的最美好世界中最美好的目的而设的。因为他对当时葡萄牙社会夸张性的观点,伏尔泰的话在这里是值得引用的:

> 在经历了摧毁四分之三里斯本的大地震后,葡萄牙学者想不出比对人民施行火刑更好的方法去阻止家破人亡。科英布拉大学曾宣称,数以千计的人慢慢被烧死的景观是阻止地震万无一失的方法。为此目的,他们抓了一个娶其教母为妻的巴斯客人,以及另外两个拒绝吃培根烤鸡中的培根的葡萄牙人。梅格洛斯和他的学生坎迪德在废墟中就餐时被捕,其中一人发言轻率,而另一人赞许地听着。他们两个都被带走,分别关押在两个极为寒冷的单间,绝不会给他们带来要忍受阳光的不便。一个星期后,他们身着异教徒的衣服并以纸质的主教发冠作为帽子。坎迪德的衣服用焰头向下的火焰和没有尾巴或爪子的魔鬼装饰,而梅格洛斯衣服上的魔鬼既有尾巴又有爪子,火焰朝上喷发。就这样,他们领着游行的行列,听取了非常感人的布道,接着欣赏了优美的对位旋律音乐。坎迪德按诵经的节奏被鞭打,巴斯客人和不吃熏肉的两个人被烧死,而梅格洛斯被处以绞刑,尽管这不是在这些仪式上的正常做法。而在同一天,又一场巨大而嘈杂的地震造成了重大

的损害。

>引自 T. D. 亨德里克:《里斯本大地震》(伦敦,1956)

在伦敦,对于里斯本地震的反应与那些法国哲学家相比就要少很多嘲讽色彩。一艘满载锄头、铲子、大米、熏鲱鱼和应急口粮的货船立刻从朴次茅斯港出发。但随着英国的商人阶级听闻到各种关于他们在里斯本工厂财产的传闻,这种人道主义姿态很快也就被对财产损失的焦虑所替代了。未来约克城大主教的妻子一个人就在里斯本损失了7 000英镑。但是对于这次里斯本地震,人们最大的反应还是悲哀,因为对于许多英国人来说,他们对葡萄牙的了解要远远超过其他国家。葡萄牙曾经是其几个世纪的盟友并一直被视为是熟悉而友好的土地。然而,因为居住在他们身边的英国人天天持一种半殖民的态度,大多数葡萄牙人可能会感到自己像是被剥削和受别人庇护一样。地震造成的不幸使皇家学会开始对地震学进行深入的科学研究。然而,正如德国的歌德所表现出的那样——外国人的这种好奇中还夹杂着强烈的恐惧。地震发生时歌德只有6岁,这给他留下了一段生动的"恐怖恶魔"的童年记忆,这个恶魔将恐怖传遍大地,引发了人们对世间存在着一个万能而又仁慈的上帝这一概念的怀疑。

葡萄牙国王若泽的首席大臣(后来更广为人知的是他的封号——蓬巴尔[①])在震后成功地改写了里斯本的历史。与他争夺城市重建功绩的对手遭到了驱逐,蓬巴尔侯爵借地震事件培养出一种新的历史传统,而他在其中扮演着伟大而无所不知的大恩人角色。根据记载,在这场灾难的10年中,正是蓬巴尔侯爵避免了上帝的愤怒、保护着国

[①] 蓬巴尔侯爵原名塞巴斯蒂昂·何塞·德·梅洛(1699－1782),18世纪葡萄牙著名政治家,国王若泽一世的首席大臣。——译者注

王本人、惩罚卖国贼、恢复贸易、奖掖艺术、清理废墟、重建城市。他甚至改变了高架水渠上的石刻献词，称颂他的王室陛下而不是里斯本市民。但事实却并非如此，蓬巴尔侯爵成了葡萄牙真正的政治中心人物，而国王，他的王室支持者，却退居了幕后。

尽管蓬巴尔侯爵的独裁更多地反映了 18 世纪专制主义的严厉统治，但他是葡萄牙历史上最具创新性的统治者之一。他属于传统的葡萄牙学者、外交官和政治家群体，这些人居住在国外，非常熟悉欧洲启蒙主义。他们成为穿袍贵族（noblesse de robe），别扭地挤在上层资产阶级和小贵族之间。他们以"侨民"精英著称，却从来没有受到过传统社会中古老贵族的欢迎，也没能得到里斯本和波尔图英国特权商人的拥护。因为他们试图培养一个本国商业阶层，以便能够掌控自己国家的命运。虽然掌权的若昂五世要比评论家和历史学家所描绘的一个虔诚的呆子更有文化，但在黄金时代，他们的影响力仍然受到限制。一旦老国王死了，野心勃勃的充满爱国心的现代化倡导者便立即抓住机会，蓬巴尔开始显露头角。

蓬巴尔能在朝廷中展施影响具有两个有利条件。第一是他在维也纳工作期间娶了一位奥地利贵族并为葡萄牙国王的奥地利遗孀所知。当丈夫去世后，她召见蓬巴尔要他负责外交事务。蓬巴尔的第二个优势是，他在伦敦长期任职期间，广泛阅读了大量的现代政治经济学作品，因此他能充分理解葡萄牙与英国之间亲密商业关系的优势和弱点，他还认识到任何经济改革都必须慢慢实行并尽可能巧妙。一位与他往来书信的友人明智地建议，所有的激进变革都要在尽可能保守的体制掩盖下进行。

因此，当蓬巴尔侯爵作为若泽一世的首席大臣，开始其权力不断膨胀的四分之一世纪时，他表现得既见多识广又十分谨慎。他勤奋工作，抱负远大，但同时也表现得十分沉默寡言和顽固。

图22 蓬巴尔侯爵是一位权威主义的现代化倡导者,在1755年地震后开始领导里斯本的重建,当来自巴西的殖民收入减少时,他又鼓励葡萄酒贸易。

然而蓬巴尔侯爵意识到他的经济计划将不得不慢慢地实施,他也从17世纪的经验中得知改革最大的障碍将来自传统贵族。这些传统的捍卫者们能够容忍那些在里斯本和波尔图城里虽为异端但却必需的英国飞地,但是却更害怕本国商业阶层的出现。因此,为了给影响力更大的中产阶级的成长开道,一旦蓬巴尔侯爵得到国王的批准,他采取的一个最为重要的步骤就是与贵族力量进行对抗。他是通过分裂贵族来做到这一点的。一些贵族得到升迁并受到了青睐，这使他们成为君主政治和蓬巴尔侯爵的忠实附庸。而另一方面，另一些贵族则不幸成为迫害对象，其残忍程度在 30 年后的法国大革命来临之前无出其右者。对贵族的攻击始于 1758 年，那一年国王宣布"身体不适"，由王后开始摄政。

　　数月之后，国王身体不适的消息通过政府的宣传机器被传达给了公众，声称这是未能使蓬巴尔下台而心怀不满的贵族发动暗杀所造成的。蓬巴尔侯爵首先对阿维罗公爵进行报复，他的宫殿被毁坏，花园也被撒满了盐以诅咒土地贫瘠。然后他将报复转向塔沃拉家族①，塔沃拉家族对王室的敌意可能与其荣誉受损有关，这倒不是因为国王推行的国家政策，而是因为国王的轻率多情。对蓬巴尔来说，塔沃拉家族是他摧毁贵族门阀影响力的一个合适目标。惩罚方式经用心安排，以突显他无比的实力。塔沃拉侯爵以一种中世纪的方式被车裂而死，侯爵夫人则被强迫目睹其孩子被处死。塔沃拉家族的家徽被从建筑物上取下，侯爵封号也被撤销。蓬巴尔侯爵的恐怖政治扩展到了上千名被说成是国王敌人的人。他的大臣们被关押在遍布葡萄牙的地牢里，那些能幸存下来的也要继续在地牢中待上 20 年。即便是国王的兄弟也没能逃过蓬巴尔的猜疑，那些庶出的王公被从社会和政治事务中驱除出去，并被打入修道院。次要的对手则被流放到殖民地以阻止任何反对新独裁的图谋。

　　在建立一个绝对专制政权以便自己能腾出手来进行启蒙改革的第二个步骤中，蓬巴尔侯爵开始攻击教会。他的行动开端是将耶稣会士

---

① 1611 年由葡萄牙国王腓力二世授予塔沃拉领主路易斯·阿尔瓦雷斯·德·塔沃拉，1759 年时第四任塔沃拉侯爵因为塔沃拉事件被处死，塔沃拉侯爵的封号亦被撤销。——译者注

从他们原来王室忏悔神父的位置上赶走。当罗马教廷大使提出抗议时，蓬巴尔侯爵便威胁要断绝与梵蒂冈的一切联系，建立起一个自治的半新教风格的民族教会。对耶稣会的迫害不断加强，直到他们的修道院和学校关闭，他们的殖民财产被没收，最终，所有的耶稣会神父都被从葡萄牙领土上驱除了出去。蓬巴尔侯爵成功粉碎了在天主教欧洲最有影响力的一个天主教修会，他的成功很快传播到西班牙和法国，在那里也掀起了类似的迫害。最终教皇被迫解散了整个耶稣会，作为让葡萄牙再次效忠罗马教廷的一部分代价。蓬巴尔侯爵着手建立取代耶稣会的教育机构，包括埃武拉的大学和在他自己控制下的国家教育。设想中，要有一个初级学校网络来培训政府公务员并逐渐灌输新的国家秩序。然而，这个计划从来没有得到完全执行，对于那些可以与英国竞争的商业职员的培训，仍然远远滞后于国家的要求。在科英布拉大学城中，对教会的挑战导致主教被捕以及高等教育的改革，为法国哲学的传播铺平了道路。科学和数学作为国家新一代高级官员和军队工程师的培训内容而被纳入教学大纲。更为激进的变革主张在医学和外科教学领域被提出。但是蓬巴尔侯爵要建成宏伟植物园和天文观测台的愿望还得依赖那些不切实际的老派法学和神学人员。期望中的启蒙经常会被过去愚昧的惯性而阻碍。

蓬巴尔侯爵的社会改革不光致力于教育领域，也致力于为新经济的繁荣开辟道路。他意识到阻止葡萄牙前进的一个负担依旧是对所有犹太裔葡萄牙人的那种制度化迫害。因此他废止种族歧视并决定新基督徒和旧基督徒在法律面前一律平等。为了执行如此激进的变革，他不得不与宗教裁判所对抗，为此他几乎被废除教会职位并被送上宗教法庭。作为社会控制手段的宗教裁判所并没有被废止，后来反为蓬巴尔侯爵政府所用。新的审问对象不再是那些曾经被指为异端的工业投资者或商业企业家，而是那些以叛国罪被指控的国家敌人。除了将犹太人从压迫中解放出来，蓬巴尔侯爵还解放了葡萄牙的黑人奴隶。他这样做倒不是出于自由主义理想抑或对薪资激励概念的认同，而是为了阻止殖民家庭将黑人作为佣人从巴西种植园带到葡萄牙。巴西依旧是葡萄牙国际经济的关键，葡萄牙无法承受稀少而昂贵的黑人劳动力的流失，他们偶尔会被带去欧洲工作。增加巴西的农业财富并获得对它更多的控制，成为蓬巴尔侯爵设想的经济改革之一。

蓬巴尔侯爵寻求主宰葡萄牙和巴西经济的另一种方式是核准贸易专营公司——它们可以由那些国王的支持者来管理经营。两家这种公司被给予了巴西的专营权，为了保护它们的利益，蓬巴尔侯爵对独立商人——他们习惯于作为流动小贩载着从英国贷来的货物到巴西去——的自由贸易作了限制。为了取缔这些"流动商贩"，蓬巴尔侯爵冒着招致英国批发商愤怒的危险作了仔细的研究。他所采取的措施并没有损害到那些强大英国公司的利益而只是波及了那些在英国领事的"宫廷"中少数没有政治影响力的中间人。蓬巴尔侯爵希望通过建立这些大公司培养出一个本土化的商业资产阶级以对抗贵族的影响。然而他的代理人们却并不打算鼓励一种激进资产阶级的成长或培养一种新的生产手段，而仅仅是为那些新中产阶级政客打开获取许可税和贸易利润的通道。那些洞察巴西贸易运行机制的公司官僚被特别指示要彻底榨取来自巴西的利润。巴西对蓬巴尔侯爵来说是如此重要，以至于他派自己的亲哥哥去巴西负责公司事务。

蓬巴尔侯爵致力于从巴西取得新的个人和国家财富的决心是他与耶稣会发生激烈冲突的原因之一。耶稣会的殖民领土贯穿整个巴西内陆，从亚马孙一直延伸到河床。传教士们成为在 7 世纪探索内陆并发现金矿的圣保罗边远地区住民的强大竞争对手。在许多例子中，耶稣会士都能在战争中击败保利斯塔人，并为他们本国的美洲居民建起防御严密的村庄。西班牙和葡萄牙的耶稣会士偶尔能开展合作以获得对各自殖民政府的优势。比如说在 1750 年，耶稣会就曾激烈反对将西班牙承担的乌拉圭传教使命转给葡萄牙，并且武装臣民进行抵抗。蓬巴尔侯爵越来越惧怕耶稣会的势力，并且被这样一个念头所困扰，即耶稣会与独立商人之间存在某种邪恶的阴谋，而为了自己的垄断贸易公司，这些独立商人是他一直想压倒的。基于此，耶稣会便有理由相信蓬巴尔侯爵控制国家后备土地、鼓励欧洲殖民者与土著妇女结合以推进殖民化的政策将导致残酷的剥削和种族灭绝。然而，与争夺繁荣的沿海地区的实际控制所引发的隐蔽冲突相比，针对殖民政策和在遥远内地榨取财富的公开争论就显得并不重要了。

除了在内地占据传教地，巴西的耶稣会还在南美拥有最富有的种植园和最昂贵的城市资产。他们在里约热内卢拥有 10 万英亩土地，占有 1 000 名奴隶，在低地种植园区还拥有 17 家制糖工厂。他们成功的关键在于能进行有效的管理，而这也是广受嫉妒和受贿指控的来源。600 名由耶稣会任命的牧师并不受数量多得多的世俗教会牧师的欢迎，因此看来蓬巴尔侯爵并没有攻击教会全体，而且最先谴责耶稣会的是与他们对立的牧师。坚定不移的耶稣会拒绝放弃他们的特权或交纳国家税收，这让蓬巴尔侯爵没收了他们的全部财产。接下来这些被没收的地产又常常被以极低的价格卖给私人买家，这些富起来的地主就成为政治和社会影响力的新来源，并加速了巴西独立自我归属感的成型。与此同时，在里斯本，蓬巴尔侯爵完全没有想到，他正为更广泛、更革命地解散葡萄牙自身的修道院树立起一个影响力持久的先例。

蓬巴尔侯爵之所以要为新政权剥夺巴西耶稣会，原因之一是他渴望限制英国对巴西进口供应的统治力。在这方面他被严重阻挠了。1762 年，当西班牙出人意料地入侵葡萄牙时，他被迫立刻改变了反英立场。政府匆忙重申其属于英国同盟并要求一支训练有素的英军来保卫葡萄牙边界。每年都要开往巴西的船队被留在了里斯本，以便万一时载着王室逃往美洲。蓬巴尔侯爵放弃将国家贸易扩展到巴西的提议，因为这可能损害到英国的利益。西班牙突如其来的威胁是如此真切，以至于让蓬巴尔侯爵出于战略原因决定将巴西首都由巴伊亚迁往里约热内卢。他还记得，在西班牙王位继承战争中，葡萄牙几乎失去巴西，那时法属圭亚那的殖民者和荷兰海上商人都渴望控制巴西，全靠英国联盟才挽救了葡萄牙的利益。因此，蓬巴尔侯爵放弃排挤英国的行动，走上了较为温和的经济创新之路。

巴西新总督被鼓励尝试咖啡种植来实现农业的多样化生产。一个世纪后，咖啡生产超过了所有其他农产品，巴西也控制了全球的咖啡供应。为了减少从英国进口，他鼓励种植小麦、稻米和亚麻。在遥远的北部，一个殖民贸易公司恢复了传统的棉花种植和烟草这项古老的贸易。蓬巴尔侯爵的举措非常成功，然而这已经埋下了葡萄牙长期失败的种子。巴西渴望发展自己的工业，而不是仅仅为葡萄牙提供生产原料。殖民纽带变得日益紧张并导致了一系列暴力事件的发生，此后巴西慢慢走向独立，并于1822年最终获得独立。

葡萄牙长期难以独霸巴西贸易，这迫使它去大西洋殖民地寻找可供替代的商机，在那里他们能享有不受阻碍的优势。安哥拉就是这样一个殖民市场，那里的竞争还没能强大到排除葡萄牙的船运和投资。在安哥拉，殖民政权大大促进了来自葡萄牙本土和殖民地——印度尼西亚（东帝汶）、印度（果阿）和中国（澳门）的受保护的高价商品的销售。安哥拉也是劣质酒的市场——这种酒甚至连来者不拒的英国人也不会进口。反观巴西却足够富有，能在品位上有所选择，并且更愿意选择英国的产品而不是葡萄牙的产品，然而安哥拉却是那些在世界市场上没有竞争力的葡萄牙商品的倾销地。那些无力供应巴西商品的里斯本商人发现了一个通过非洲的奴隶获得巴西财富的后门。这项贸易存在很大风险，而且也并非总是有利可图，但它却为困境中的国家商人们带来了一个有限的分享巴西财富的希望。因为利润率并不是那么吸引人，而且也必须满足本国殖民地的大量奴隶需求，所以英法两国在对巴西的贩奴贸易中对葡萄牙构成的竞争是有限的，直到18世纪晚期才加剧。

里斯本商人在18世纪的巴西所取得的初步成功要归功于他们利用自己的聪明才智创造了一个横跨南大西洋的"奴隶贸易通道"，以此来避免最大的风险。他们比非洲的奴隶供应商棋高一着，向后者提供运输服务，而非直接买下奴隶。奴隶们在运抵巴西之前仍旧是奴隶供应商的财产。负责运送的里斯本运营商再以货币或巴西纸币的方式获得报酬。这样一来，葡萄牙企业家就避免了奴隶在途中死去的风险。这些"死亡商人"不光将奴隶的损失视为一种风险，还从奴隶的高死亡率中看到了潜在的发展空间。奴隶死得越快，新的需求也就越多，从而进一步扩展了他们卑鄙的市场。这个南大西洋贩奴系统的驱动力在于信贷。在非洲，里斯本的贸易商品被以信贷的方式散发给经纪人——他们多从逃兵和罪犯中招募，并曾从欧洲或亚洲坐船驶往安哥拉的港口。他们再反过来将信贷商品交给运奴队负责人，再由他们下乡去内地巨大的奴隶集市上会见那些猎奴人。一旦奴隶运抵巴西，信贷就再次成为动力。农业庄园都背负有很多债务，以至于不管蔗糖市场行情如何，种植者都只能继续购买奴隶，生产蔗糖偿还先前的贷款。

里斯本同安哥拉的贸易被两个利益集团所掌控。"英国"集团主要关心巴西是否有足够的奴隶来维持采矿和作物的生产。他们以黄金和棉花的方式获得报酬并与宫廷中的亲英派保持着松散的联系。他们的对手则在宫廷中与"亲法派"保持联系，更愿意用秘鲁白银进行支付，因为能在印度以高价卖出换回棉花制成品。同时他们还允许以蔗糖付款，蔗糖在没有热带殖民地的地中海地区相当好销。尽管他们之间存在竞争，但是在传统贸易中进行合作，维持商品在非洲的高价，以维护欧洲的整体利益。里斯本商人通过政府关系进一步推动他们的优势，并依赖于友好的王室宫廷在一切信贷诉讼中得利。然而，安哥拉属于那些具有既定的良好关系的传统商人。偶有冒险家组织展开到安哥拉的远征，他们被视为军火贩和走私者，被指控从侵吞奴隶的不法商人、非洲小型海港等来源购买奴隶。这类不法行为侵犯了"有序"的里斯本奴隶贸易。

里斯本的固定合作商人历来享有的一个优势是有机会竞标与安哥拉贸易有关的税收合同。西班牙的贸易契约（asiento）许可证更加有名，也大不一样，外国商人相当看重这种奴隶贸易许可证，因为可以向西班牙帝国运送不易腐坏的货物，也可以运送高损耗的奴隶。在葡萄牙为"税务征收"招标的优势是它不仅有相对的贸易优势，而且为持有人提供了债务优惠。它也赋予王室象牙贸易的垄断和较小的王室税收利润。然而，这些利益对于合同的 6 年期限来说是有限的，因此会鼓励承包商在享有优势的时期带着大量货物涌入市场，无视于通货膨胀。承包商也给自己带来了在代发船只上的装货优势，他们违背了严格的装货规定，让更多的奴隶更快地离开巴西。拥挤成为承包商最明显的虐奴行为之一，并且成为蓬巴尔侯爵用来攻击该体系，为亲信开创奴隶贸易新开端的理由之一。

然而，以有利于其新公司的方式重组奴隶贸易并非蓬巴尔侯爵较为成功的方案之一。尽管两家巴西包租公司获得了安哥拉贸易的一小部分份额，但他们无力与独立的里约热内卢对手竞争。更糟糕的是，奴隶供应商抵制葡萄牙试图榨取安哥拉利润的做法，在安哥拉北部的英国港口发展出新的输出渠道。直到 18 世纪晚期，蓬巴尔侯爵离开他的职位之后，葡萄牙才恢复了作为奴隶贸易大国的领先地位，但英国当时即将放弃奴隶贸易，转向废奴。

当里斯本专门从事来自非洲的奴隶贸易时，波尔图在18世纪成为运往英国的葡萄酒的贸易中心。葡萄牙佐餐葡萄酒对于英国市场来说并不理想，但是作为法国干红的替代品，比西班牙同类产品更可接受，而且其供应受政治的干扰较少。大部分葡萄酒到达伦敦港口，但还有一些直接用船运到金斯林、赫尔或布里斯托尔港。波尔图的葡萄酒贸易如此成功，到1720年，英国批发商——年运输2.5万大桶，是里斯本葡萄酒输出量的4倍。英国酒商骑马穿行杜罗河畔，在小农户葡萄园试品葡萄酒，并用武装护卫所携带的现金购买。在18世纪30年代，当英国酒商开始将白兰地酒兑入最好的杜罗河酒时，波尔图葡萄酒贸易开始发生了变化。这种强化酒会在河南岸的大地窖中存放两三年，待陈化后作为"波特酒"出售，而非像过去那样在依然生涩时就被喝光。这种方法使利润激增，增强了英国的经济力量。他们可以先买后付，直到选中的葡萄酒安全渡过了危险湍急的河流到达他们的酒窖才付款。葡萄牙在该地区的广大商人始终无法积累资本或获取知识去成为高档葡萄酒的生产商。每年销售4 000大桶的商家约需6万英镑资本去生产波特酒，即使他们能以每桶7英镑的价格购买新鲜葡萄酒。18世纪60年代，这片为异邦带去繁荣的特殊地区吸引了努力的蓬巴尔侯爵的注意，他正致力于创造国内商业阶层并增加葡萄牙在国际贸易中的利润份额。

蓬巴尔侯爵的波特酒贸易政策是高明经济学与腐败堕落调和的产物。通过在1756年成立的一家葡萄酒公司，他开始实施他的政策。蓬巴尔侯爵充分意识到，通过葡萄酒贸易加强国家利益需要提高质量和限制供应，为了做到这一点，他坚持认为葡萄酒生产仅限于指定产区。但他却非法地将自己远在杜罗河流域之外、土壤大不相同的葡萄园列为指定产区之一。为改良品种，他坚持果农应专门生产白或红葡萄品种，不再像过去一样混种。北部农民也被迫毁掉他们所有的老果树，停止用老果树的果汁当染色剂、毁掉好酒的传统做法。肥料也被禁止使用，这大大降低了农民的产量，但是改善了葡萄的味道，增加了贸易商的利润。对英国葡萄酒庄施压，让他们使用葡萄牙白兰地制作强化酒的企图没有成功，法国进口白兰地继续被用于优质波特酒的生产。杜罗葡萄酒公司始终未能为股东赚钱，这些股东也非自愿入股，有很多是市政和教会当局的成员，被迫用他们的积蓄投资参股。然而给管理者的报酬的确非常丰厚，可以帮助蓬巴尔侯爵建立新的中产阶级。公司也提高了波特酒作为社交饮品在牛津和剑桥的教员休息室中的受欢迎程度，也因此增加了大学教师患痛风病的概率。

杜罗葡萄酒公司是最有影响力、最持久和最不得人心的蓬巴尔侯爵贸易企业。波尔图的英国上流社会讨厌他，有失公正地指责蓬巴尔侯爵病态地恐惧外国人。实际上正是蓬巴尔侯爵极为务实的态度使英国人能够在自己的郊区住宅中活得滋润、关紧铁门自成一统。成功的英国酒商甚至是可以购买他们自己的葡萄园，成为殷实的地主。宏伟的工厂之家成为盎格鲁-撒克逊文化在葡萄牙的领地，也是其财富的象征，能够在非常秘密的环境下开展业务。位于城市社会阶级另一端的当地民众对于葡萄酒公司垄断当地酒馆着实不满。独裁欺骗者宣称，这项措施是为了保护饮酒者免遭有害物质对健康的威胁，尽管所有人都知道这项措施是用来为他们的同伙提供垄断利益。严重的暴乱事件爆发了，当地的和解仲裁同情愤怒的民众。不屈不挠的蓬巴尔侯爵召集5个团来贯彻圣意，并逮捕了400名涉嫌头目。他事后宣称，国王的仁慈限制了对个人实行绞刑的数目，但不幸的法官也在其中。

波特酒贸易的成功并没有惠及那些被排除在指定产区之外的农民，甚至在指定产区内，当蓬巴尔侯爵担心过多的产量会降低价格时，有些生产商也被迫砍掉自己的葡萄藤而改种橄榄树。在其他没有政府支持的地方，虽然普通葡萄酒的产量扩大了，但是质量进一步恶化，甚至巴西人也开始从法国或西班牙购买走私的佐餐酒，因为葡萄牙的葡萄酒是如此的粗糙。曾经一度繁荣的北部海港维亚纳的英国社团失去了他们的英国领事，海外贸易公司仅剩两家。在海港背后的米尼奥省，农民们被迫种植卷心菜代替葡萄，农民们被迫移民或者成为受青睐的杜罗葡萄酒区的临时工。作为流动的葡萄采摘工，他们面临来自西班牙的移民工人的竞争，这些移民工更能容忍极为低廉的工资、恶劣的食物和住宿条件。

尽管大西洋帝国和波特酒专营贸易都取得了一定的成功，然而，在18世纪60年代，葡萄牙仍然是一个严重欠发达国家。蓬巴尔侯爵的努力使一些具有优势的小贵族和城市中产阶级获益，但是少地的地方仍然缺少土地，大部分农村地主仍旧像以往一样无法获得市场带来的机遇。骡子是标准的运输动物，科英布拉与里斯本一直没有道路连通，直到1798年才建立起可靠的交通体系，但又因业务量不足而被迫停业。在北部牛车变得更加充足，但从波尔图到布拉加的大路是如此的泥泞，以至于用轮式车辆要花费5天才能走完40英里。蓬巴尔侯爵一个引人注目的运输系统现代化尝试是为自己的葡萄园修建了一条短运河，他后被指控花费了600万克鲁扎多公款来惠及自己的家庭，这几乎相当于里斯本水渠和花费的总和，但没有定罪。私人的富裕并没有带来相应的公共投资，甚至杜罗河最好的葡萄酒仍然要依靠没有改善的航道运输，面临很大的风险。在农民可以自给自足的区域以外，食物始终供应不足，来自意大利或波罗的海的外国小麦占全国消费的12%。在北部最贫穷地区的农民开始种植美洲马铃薯作为主食，但没有进入市场的运输手段。在更湿润的河流流域，玉米被引进用以提高粮食的产量，但是"玉米革命"是有限和局部性的，直到18世纪60年代萧条降临该国，葡萄牙依然未能利用其收入实现发展和经济多样化。

在 18 世纪 60 年代外贸受挫时，蓬巴尔侯爵恢复了 100 多年前由埃里塞拉试图进行的工业化这一葡萄牙的古老工程。迄今为止，他一直都不是一个创新者，只是财产的再分配者，他知道怎样通过控制别人的生产为自己的支持者提供回报。现在他面临国际收支不平衡的危机，这迫使他鼓励家庭手工业的发展以节省进口制造业产品的开支。他试图通过从英国进口织机，重振长期被压迫的纺织行业。到了世纪末，大约有 500 家小羊毛作坊开始运营。古老的丝绸业得到振兴，其基础设施颇具规模，为前朝所建，位于里斯本以北，并吸引了相对大量的 3 000 人的劳动力。在波尔图，棉纺织工业受到鼓励，但是直到 19 世纪才繁荣起来，最初遇到了来自英国以先进技术生产的廉价纺织品的严峻竞争。在工业进取心的推动下，葡萄牙在安哥拉建设钢铁厂以试图减少对俄罗斯和西班牙进口钢铁的依赖。雄心勃勃地完成建设后，工厂以蓬巴尔侯爵的乡间行宫命名，但是当巴斯克钢铁厂的管理者被送到非洲后，他们却无法忍受当地的瘴气。这个工业方案虽然比曾在 17 世纪被宗教裁判所遏制的那个更为成功，但对于改变葡萄牙依然属于单一的葡萄种植园的国际现实没有太大帮助。

1777 年，葡萄牙发生了重大的改变，若泽国王去世了。他的首席大臣卸任并被女王玛丽亚一世告知在新政府中将没有他的位置。与此同时，政治犯被释放，流放者归国，被胁迫的贵族在法庭上重新获得一些影响，甚至受到最残酷迫害的塔沃拉家族也得以死后平反。蓬巴尔侯爵下台的最大受益者是教会，又重新恢复了政治优势，并且试图去指导日益虔诚的女王行使她的政治政策。当该世纪末，富有的英国旅客贝克福德访问阿尔科巴萨修道院时，这座伟大的修道院已相当繁荣，然而这并不意味着保守主义的完全复原，由于欧洲萧条的终结和葡萄酒贸易的复苏，要求政府维持经济干涉主义的压力缓解，若泽

图 23 屋顶能旋转的风车房配有带风孔的罐子，当风太大时，罐子发出鸣叫，警告磨粉工需调整风帆。

一世制定的政策也在那时被修改，但大多数葡萄牙新官僚仍旧保留了他们的职位。玛丽亚对葡萄牙的统治大部分是继承性的，而不是复辟式改革。农民仍然以最低的标准生活，并要向地主缴纳过多的封建式租费。修道院和乡绅们拥有大量的风车和锻造间，他们小心翼翼地保持对乡村基础设施的垄断，例如玉米磨坊和锻造作坊。即将变化的微光主要被能接触新思路和新机遇的人所察觉。这个群体仍然很小，以城市中产阶级为主。

　　玛丽亚统治时期进入葡萄牙的最具冲击性的思想来自北美的运粮船队。北美独立战争带来了将民主思想传播到世界各地的威胁。来自宗教裁判所的政治警察采取严厉措施遏制学术辩论、逮捕潜在的持不同政见者。更容易接受的外国思想来自法国的旧制度，并把一种新古典文化带进了宫廷。古老的西班牙风格已让位于一种新的艺术，这种艺术见于女王建造的模仿凡尔赛宫的宏伟的克卢什宫殿，它的风格与若昂五世建立的马弗拉宫殿形成鲜明的对比。蓬巴尔侯爵经过长期奋斗才培养起来的中产阶级在女王玛丽亚的统治下取得了适度的繁荣，成功的交易商获得了乡村庄园，有了贵族的派头。女王在位期间，不少于34位上层资产阶级成员被提升为贵族。新贵族和旧贵族一样，他们的地位仍然高度依赖于王室，甚至伯爵的身份也不永久授予，而仅仅是一到两代，这是为了保证王室的优势。通过把最有影响力的中产阶级封为贵族，女王在整个统治期间成功抑制了民众要求召集议会的呼声。直到她去世后，当巴黎的变革之风吹到葡萄牙，议会被召开，随后又引发了葡萄牙革命。与此同时，会计制的现代化、财政部的创建，以及分别负责内政、战争外交及海军和殖民地的三个传统部门的齐心协力，使里斯本政府得到强化。重建的城市在皇家警察的管理下实现了早就该实现的治安，街灯终于走上街头，使得安全得以改善。

　　18世纪的最后几年，见证了始于城市、涌入里斯本北部和南部农村地区的根本性转变的开始。本土商人阶层的人数猛增到8万人，并开始向曾被忽略的埃斯特马杜拉和阿连特茹省的土地投资。他们比旧贵族地主更有活力，不仅通过出售葡萄酒增加财富，而且还出售小麦、羊毛和橄榄油。工匠也开始发展，13万名工匠主要以供应市场为生，而不是依附于贵族和宗教资助。另一个具有长远意义的变化是军队职业化。衣衫褴褛的民兵和贵族的私兵被正规常备军所代替，这种正式军人既有能力，也有社会地位。职业军人得到提拔，取得了原先属于贵族的职务，创造出一个军事阶级，有时人们把他们等同于日趋壮大的商人和官僚精英。政府官员也接受了技术训练以用于军事防御，但偶尔也适用于工业项目。新的政府官员随后在革命政治中发挥了重要的作用，其中一部分人回想到这位一时蒙羞的蓬巴尔侯爵，并把他称为他们的英雄。然而在新的政治时代发端之前，拿破仑攻占葡萄牙，企图征服大陆，并从英国的经济掌控中夺取了仍有利可图的巴西帝国。

第四章　巴西独立和葡萄牙革命

1807年，法国军队在拿破仑最青睐的高级军官之一、前驻布拉干萨宫廷大使朱诺将军的率领下入侵了葡萄牙。在侵略者到达里斯本之前，为安全起见，葡萄牙王室成员和大量廷臣、随从被英国海军接往巴西避难。里斯本中产阶级和留下的贵族热烈欢迎法国人入城，他们统治了这个城市好几个月，直到最终被英国一支远征军驱逐出里斯本。法国和英国的进一步侵略让葡萄牙变得满目疮痍，贫穷困苦，并在贝雷斯福德子爵领导的英国军事政权的建立中到达了顶峰。葡萄牙王室则继续留在巴西，并于1810年与英国签订了《英葡条约》。这份条约取代了1703年签订的《梅休因条约》，承认了英国商人直接进入巴西的权利，从而加快了巴西政治独立的步伐。10年后，对英国在葡萄牙军事统治的反抗最终导致了1820年葡萄牙革命的爆发。这场法国式的革命断断续续持续了31年之久，只有在经历了内战、恐怖和反对教权主义和独裁统治的动乱之后，葡萄牙才确立起一种和维多利亚英国相近的君主立宪政体。与此同时，在1822年，巴西也在政治上脱离了葡萄牙，成为一个由布拉干萨王室拉美分支统治的自治"帝国"。然而这块前殖民地仍然继续从葡属非洲进口奴隶，直到1850年政策发生改变，巴西才转以来自欧洲的自由白人移民来满足本国的劳动力需求。这些移民中很多来自葡萄牙北部，由此维持着两国间紧密的文化和经济联系。

在决定1807年入侵葡萄牙之前，拿破仑就与西班牙订立了一份秘密条约，展示了他对于未来的计划。首先，作为曾经对法兰西帝国进行经济封锁的报复，拿破仑打算剥夺英国与欧洲大陆联系的最后通道。其次，他提议全面肢解葡萄牙。其中，北部地区要变成一个受西班牙保护的自治国家，并将其赠给一位意大利王——拿破仑一直觊觎其领土，想把它吞并进自己的控制范围；葡萄牙南部和阿尔加维王国会奖励给一位西班牙王子，他将被要求继续维持与西班牙的同盟。包括里斯本在内的葡萄牙中部地区将被作为保留地归还给布拉干萨王室，但其前提是他们必须在法国监护下表现良好，并且英国要同意将以前从西班牙手中占领的直布罗陀要塞交给拿破仑。这个重新整合伊比利亚半岛的空想计划也包括了对葡萄牙殖民地进行重新瓜分，这样一来，西班牙国王就会被称为"两个美洲的皇帝"。这个计划并没有产生期待的结果，在承认法国对葡萄牙的保护后，这个计划就被放弃了。虽然在最初进驻里斯本时，拿破仑的军队受到了当地统治阶级的礼遇，但是当朱诺将军很不理智地炫耀法国国旗，耀武扬威地出现在旧宗教裁判所宫殿里召开的摄政会议会场时，这种礼遇便不复存在了。在农村，对于入侵者掠夺行为的不满导致了游击反抗的快速增长。1808年7月，在波尔图爆发了全民反抗外国占领的起义。两个月后，未来的威灵顿公爵[①]从爱尔兰带来一支远征军，他们在科英布拉附近海岸登陆，并迅速在里斯本城外击败了法军。朱诺则因为未被任命为葡萄牙国王而懊悔不已，他与英军签订了《辛特拉和平条约》，英国皇家海军将法军连同其全部武器和装备运回了法国。威灵顿公爵因为这个慷慨的投降协定受到了略有不公的舆论指责，那时他还是亚瑟·卫斯理男爵，正如在一个当代作品中所讽刺的那样：

[①] 威灵顿公爵（1769—1852），著名英国军事家，后在滑铁卢击败过拿破仑。——译者注

这就是里斯本城；

这就是黄金遍地的里斯本城；

这就是掠走里斯本城黄金的法军；

这就是打败掠走里斯本黄金的法军的亚瑟男爵，一开始有勇有谋、结局却不尽如人意的男爵；

这就是一份无人承认却最终保全老朱诺的协定，尽管此时，一开始有勇有谋、结局却不尽如人意的亚瑟男爵已经打败了掠走里斯本城黄金的法军；

这就是签订了无人承认却最终保全了老朱诺的公约后装载着辛劳掠夺来的赃物的舰队，尽管此时，一开始有勇有谋、结局却不尽如人意的亚瑟男爵已经打败了掠走里斯本城黄金的法军；

这就是约翰·布尔，他非常沮丧地看着签订了无人承认却最终保全了老朱诺的公约后装载着辛劳掠夺来的赃物的舰队，尽管此时一开始有勇有谋、结局却不尽如人意的亚瑟男爵已经打败了掠走里斯本城黄金的法军。

引自萨拉依瓦：《葡萄牙的历史》

（里斯本，1983－1984）第四卷第 133 页

攫取葡萄牙的金银财物并没有让拿破仑感到满足，于是他开始进一步尝试征服英国在欧洲大陆上尚存的领土。为了应对新的入侵，已从 1808 年"胜利条约"耻辱中恢复过来的威灵顿公爵被派往葡萄牙，与他同行的还有新召集的英国军队和一批骨干军官，他们旨在帮助训练一支更为有力的葡萄牙军队——当 1807 年朱诺向里斯本进军时，葡萄牙军队曾被晾在一边。1808 年，英国军队粉碎了法军第二次攻占波尔图的进攻。新式葡军由贝雷斯福德子爵训练和率领——他本人亦被委任为指挥官并按当地军衔被授予陆军元帅衔，在 1810 年 9 月

图24 在1801年的布萨科战役中,葡萄牙军队在英国的帮助下迟滞了法军第二次攻占里斯本的进攻,并且导致了他们在"托里什韦德拉什防线"[①]前最终的失败。

的布萨科战役中和威灵顿公爵的军队一起接受了战火的洗礼。

在法军的第三次入侵中,由马塞纳将军统领、包括6万名法军士兵的部队被暂时堵在了去往里斯本的路上。不过士兵们很快就完全地恢复了过来,并在劫掠了科英布拉城之后继续向南行进。不过在行进了几英里后,法军遇到了迷宫般的战壕和托里什韦德拉什峭壁,这完全堵塞了通往里斯本的道路。为了构建这些防线,葡萄牙工人在口粮不足的情况下已经进行了几个月的强制劳动,此时因为半岛战争,他们已经陷入了严重的疾病和营养不良。为了防止法军通过搜查农村来寻找食物,英军强制推行了焦土政策——毁掉贮存的食物、烧掉风车翼板以阻止法军磨面。最终,被绝壁封锁、被冬雨淋透并被夺去口粮的法军被迫退回西班牙。撤退中他们掳走了许多不幸的葡萄牙士兵,

---

① 托里什韦德拉什防线是在半岛战争期间为保卫里斯本而秘密修建的要塞防线,以附近的托里什韦德拉什而得名。——译者注

强迫他们为挽回拿破仑帝国的灭亡又苦苦奋战了5年多。他们还一起带走了大量葡萄牙珍贵的马匹储备，从而进一步破坏了葡萄牙的运输系统和骑兵。因此半岛战争对于大部分葡萄牙人来说是一段不光彩的苦难时代。

半岛战争最深远的影响之一就是1807年冬天到1808年的时候，葡萄牙的玛丽亚一世和摄政王子流亡巴西。这次流亡促使巴西形成了发动北美式独立运动的想法。巴西朝着独立转变这一漫长而缓慢的过程，是女王玛丽亚一世当政期显著的特征之一。她于1777年，也就是北美13个英属殖民地宣布叛乱后的那年登上王位。托马斯·杰斐逊及其美国同僚对人权明晰入理的宣讲，尤其是对殖民地居民享有自由的阐述，对巴西有文化的白人产生了巨大的影响。到葡萄牙女王去世的时候，也就是滑铁卢战后一年，美国已经确立了民主制度，欧洲也经历了法国大革命，海地的加勒比黑人也在积极争取自由，此时距巴西独立只剩下6年了。

巴西独立运动最早的标志很早以前就在富含黄金的米纳斯吉拉斯州出现了。在英属和西属美洲殖民地，那些富有的白人移民想消除殖民社会中的外国统治，同时保留剩下的等级秩序和特权。巴西未来的领导者们对美利坚合众国及其共和制政府的出现十分赞同，于是在1786年，他们和当时身为美国驻法大使的杰斐逊进行了慎重的接触。在来自武装力量的支持下，美国心照不宣的支持在巴西最富有的人当中激起了解放的图谋，并得到来自军方的一定支持。这个想法受到了巴西学者和法学家的认可，也得到哲学家和诗人称赞。这种独立思潮在流亡者中也非常强烈，尤其是在就读于科英布拉大学的300名巴西学生中。他们去法国游历，读到了伏尔泰和卢梭的作品，在英国，他们又遇到了约翰·洛克所阐发的宪政自由的理论，而这些观念和理论在葡萄牙及其殖民地是被明令禁止的。这种颠覆性的想法被带回了巴西，不久，警察的告密网络表明即使是在最遥远的内陆边界地区，人们也在谈论着这些颠覆性的想法。然而，尽管并没有取得像北美在费城那样的成功，革命的首次尝试是在米纳斯吉拉斯州发生的。

在未遂革命发生时，米纳斯吉拉斯州约有 30 万殖民人口和数量不明的巴西土著"印第安人"。其中半数的殖民人口是输入的黑人奴隶，以男性居多；1/4 的殖民人口为白人移民，也多为男性，剩下的居民则为本地出生的多种族混合后的克里奥尔人①。自 18 世纪 60 年代以来，随着黄金产量不断下降，地方经济也逐渐变得多样化起来。一些金矿老板买下了养牛场、养猪场、甘蔗种植园、酿酒厂和菜园来满足城市人口的需要。对黄金的寻找仍在继续，只是浅层的矿藏已经开采殆尽，仅剩下一些开采费用很高的深层矿层。矿主们力图通过做到不仅在食物上自给自足也在采矿器械上自给自足来降低成本。但葡萄牙政府依然坚决地反对这种"自由"的想法，不让金矿主们自主炼铁锻造工具。不过虽然如此，内陆地区还是脱离了葡萄牙帝国的贸易束缚——此时它还继续控制着沿海的种植园。与其他葡属南美洲的省份不同，米纳斯吉拉斯州拥有本地商业领袖，他们有本事同里斯本的大企业家竞标，争取当地的收税承包契约。这种自治和区域经济一体化的尝试促使工业家们渴望获得独立。

米纳斯吉拉斯州的领导人多来自葡萄牙北部地区而不是来自里斯本或者南方。他们从属于一种支配着其他社会链的综合社会文化。受教育的移民拥有大量的图书馆，他们聚会于哲学辩论俱乐部，翻译着亚当·斯密的作品，甚至想要通过购买贵族头衔的方式抹去他们原有的波尔图乡下出身。下层社会的白人多来自大西洋中部的亚速尔群岛，他们则十分珍惜自己特有的身份。至于奴隶，即便是他们的第二

---

① 生于拉丁美洲的欧洲人及其后裔。——译者注

代第三代子孙，依然与非洲的宗教、音乐和舞蹈保持着一种很强的文化联系。他们也经常会给巴西带来一种敏锐的商业触觉，这对主人来说是非常有用的。尽管立法时通常会为白人保留低级管理工作，但其中大多数职位还是被混血占据了。这是因为相对而言白人妻子非常稀少，所以即便是上层社会的孩子也多为混血而非白人，不过他们会得到很好的教育并获得职业升迁。在米纳斯吉拉斯州，宗教秩序要比一旦被查出是混种人、犹太人或有异教祖先即遭种族排斥的情况还要严格。但尽管如此，洛可可式的教堂还是如雨后春笋般出现。武装力量更是一丝不苟地维持着种族隔离，但是这三个阶层都以米纳斯吉拉斯州的财富、文化和独特的身份而自豪。

尽管他们表达了崇高的宪政哲学理念，但在1789年想要从葡萄牙王室分离出去的巴西上层阶级的目的主要还是经济上的，也充满利己主义。这些上等阶层希望取消对于钻石勘测的限制，获得发展本地工业的自由，比如说能允许他们开设一家火药厂以满足战略上的需求。他们还想建立自己的大学——这是任何新民族取得文化胜利的标志。他们想要建立起一支国民武装以取代殖民地军队。他们甚至想为白人妇女争取子女津贴以加快本国忠实国民的人口增长。巴西的分离主义者走得更远，他们甚至提议通过反奢侈法律，此法律甚至要限定上流社会的人们所拥有的地产和衣服的数量。这种经济国家主义、有关建立地方民主议会和一个议会化的殖民政府的言论让葡萄牙深感不安，以致当局开始镇压这次叛乱并在1792年绞死了运动的领导者席尔瓦·哈维尔中尉（"拔牙医生"，Triadentes），他后来成为一个强有力的民间爱国者的象征。此后不久，随着海地黑人叛乱的爆发，拉美白人独立的念头受到了重挫。在一个半数人口被奴役、更多人口遭种族限制的社会里，巴西白人获得独立的想法被推迟了，以免打开社会革命的大闸门。但是与矿场主们的反抗形成鲜明对比的是，黑人解放的想法确实传到了巴西，第二次独立运动在以黑人为主的巴西北部城市巴伊亚爆发了。

1798年的巴伊亚起义是由梅斯蒂索人工匠和手艺人领导的，与此同时，由那些希望在革命中获得收益、具有一半白人血统、享有半特权的殖民地居民发起的海地革命也正在如火如荼地进行中。此时，葡萄牙政府正在迫害里约热内卢城中被怀疑具有雅各宾派倾向的文学精英们，因为他们读了英国出版的书。来自法国的真正的雅各宾派思想已经传播到巴伊亚城中备受种族蔑视的下层中产阶级中，促进了平等、友爱观念的发展。巴伊亚起义的参与者不同于那些来自米纳斯吉拉斯州、从一开始就寻求从葡萄牙分离出来的中年白人行政官。他们多是些年轻士兵、学徒、佃农、工人、教师和工匠。他们也反对巴西的有产阶级和由教会维持的不公平的社会秩序，因为这些人都服务于外国的政治势力。他们接受一位混血裁缝的领导，他主张不分种族的机会均等，渴望建立一个法国式的民主政府。更加激动人心的是，他们还在巴伊亚城中四处散发要求解放奴隶的传单。这种激进主义思想受到的政府镇压较10年前上层阶级起义更为强硬。

1789年的矿场起义和1798年的种族起义对巴西殖民社会产生了如此强烈的震撼，以致形成了一个巴西有产阶级和葡萄牙统治阶级互相妥协的联盟，这个联盟的形成使巴西独立推后了近一代人的时间。在这个联盟下，一些经济自由措施得到了允许，比如说制盐业；而那些放弃法国式共和政体理想的人也在政府中得到了一个职位。葡萄牙王室于1808年抵达里约热内卢，再一次确认了巴西在卢西塔尼亚帝国内首屈一指的经济地位。紧随的政治改革并没有威胁到旧社会的稳定，巴西最终经历了近一个多世纪的君主制政府和奴隶制繁荣。在外交和商业方面，巴西依旧保持了和英国的紧密联系。1810年，在里约热内卢的葡萄牙王室被迫与英国签订了《英葡条约》，正式开放了巴西的港口，使英国商船能直航巴西。这一条约可能有助于英国躲开法国海军在贸易上的干涉，但更为显著的一点是，这一条约允许他们免于向在里斯本的传统葡萄牙中间商缴纳贸易税。12年后，随着1822年巴西在政治上获得独立，巴西也在商业上获得了独立。

葡萄牙旧制度的终结经历了三个步骤，这与欧洲历史发展的主流相同步。效仿1812年西班牙民主革命的1820年葡萄牙起义结束了英国的占领，产生了一部民主宪法草案并使葡萄牙极不情愿地承认巴西独立。10年后，随着1830年欧洲自由主义革命的开展，葡萄牙开始了对政治制度进行根本改革的第二次尝试，这一次放逐了有着强烈专制主义野心的王位觊觎者米格尔一世，没收了国王的土地并解散了修道院。最后在1851年的时候，尾随1848年欧洲革命，在历经了一段技术官僚独裁和相当暴力的农民起义时期后，一种议会制政体终于在葡萄牙确立了起来。从那以后，葡萄牙再一次启动了一个温和的工业化计划，并因为铁路时代的来临与欧洲联系得更加密切了。

1820年爆发的葡萄牙革命不仅仅是一场在遭受外国占领后爱国主义者恢复独立的运动，也是玛丽亚一世统治时期伴随着社会和经济巨变而导致的自由主义思想壮大的表现。在18世纪后期，葡萄牙在某些方面确实要比拉丁欧洲其他国家更适应改变。虽然葡萄牙女王在个人的宗教幻想中逃避现实，但是她的大臣们已经要比革命压力领先一步了。读过亚当·斯密和孟德斯鸠作品的官员们要比他们那些西班牙同僚更为开明，他们提议要向贵族和神职人员收税。在法国入侵之前，人们就已经开始辩论将国王和教会的土地卖给正在成长中的资产阶级以筹集资金这种近似革命的提议。虽然因为害怕这些措施会疏远贵族阶级——王室现在对这些贵族阶级的依赖程度比蓬巴尔男爵那时更高——葡萄牙王室没有采用如此激进的意见，但在逃往巴西之前，王室有关部门甚至就已经准备好了关于农业改良和工业扩展的法律草案。更为热情的改革者暂时还比较乐观，因为他们觉得与在英国帮助下流亡巴西的葡萄牙贵族相比，朱诺和他的法国入侵者可能会更赞成创造财富的新方式和社会关系的自由化。

葡萄牙革命的自由先驱者们在1807年热烈欢迎法军进入葡萄牙，因为他们热切期待着这可以带来新的土地所有制、新的法律体系，可以废除封建特权，实现政教分离、纳税义务平等、用宪法限制王权，当然最为重要的是要收回大部分丢失的殖民地。一些实业家认为法国的入侵是他们摆脱与英国进口货物竞争的黄金时机。然而，法国侵略者对支持一个由实业家和知识分子推进的社会经济改革计划毫无兴趣，他们更为关心的是战略稳定。他们不是在自由主义者中寻找同伙，而是在葡萄牙王室流亡巴西后留下的贵族和神职人员中寻找同伙。法国人并没意识到可以从葡萄牙人强烈的反英情绪中获得收益，所以他们非但不鼓励自由派合作者，还对改革者进行迫害。法国人到来时解放的快感很快就被理想的破灭所代替。所以理所当然的，当1808年6月群众起义爆发时，抗议者表达的是民族主义，而不再提革命的字眼了。葡萄牙革命的先驱者并没有提出什么革命口号，也没有在城市和农村间建立一个长期联盟去充实法国大革命，相反却成天吵嚷着要国王回来，不顾其他意识形态上的考虑，要从法国占领下获得自由。

因为贵族恢复了权力，旧制度只经历了很小的间断就又继续开始运作，所以1808年革命失败后，中产阶级迅速被压制。而教会，在经历了因为法国自由思想家登陆所引发的短暂恐慌后，又依凭它旧有的盲目偏见开始随意迫害持不同政见者。旧制度成员在与法军合作过程中所感受到的羞辱都因针对群众起义威胁而实行的镇压而消除了。

由于英军的返回，旧制度中的保守力量得到了进一步加强，而正由于英军的返回使重新革命的重要尝试又推迟了10年。然而，在这10年中，中产阶级又获得了新的活力，因为商人们从巴西贸易中的部分损失中恢复过来了，并从供应英国占领军的合约中获益颇多。

对于19世纪葡萄牙来说十分重要的新兴工业企业主要都集中在波尔图，那儿也是后来葡萄牙革命的发源地。这里一个特别成功的工业就是亚麻纺织业。工厂从汉堡进口亚麻，然后将工作转包给城市北部成千上万的农村技工，这里人口已经趋于饱和，而工作却十分稀少。波尔图企业家们的成功是建立在无需厂房建设费和按件支付的廉价农村劳动力基础上的。当生意不景气时，男工和女工都得依靠农民而生，这就能预料到这里不会有无产阶级工人们所渴求的最低劳动保障。当商业繁荣起来，农村的编织者就变得特别有技巧，以至于他们的编织品可以和法国、荷兰的亚麻制品相媲美，也可以和在巴西的英国毛纺织品相竞争。纺织业成为其他小工业的基础，因为亚麻业的利润又被继续用来投资，而这些方式对葡萄牙来说从本质上都是新的。波尔图周边的工业区逐渐发展出铁器、制陶、刀具、纽扣、琵琶桶、丝带、台面呢和制帽等工业，不过亚麻业仍然是其中的核心产业，直至受到棉纺织业发展和机械化的挑战。

在18世纪晚期，葡萄牙初生的棉纺织业已经享受到了一些优势。原棉仍然能够从巴西购买，棉纺成品如同毛织品一样不受制于保护英国竞争的需要。因为棉货在梅休因那时还不存在，所以在1703年的《梅休因条约》中没有提及。棉纺织业的中心是在里斯本而非波尔图，并且与亚麻业不同的是，它的生产是以使用英国进口机器的工厂为基础的。葡萄牙所有的纺织业都渴望扩大通往巴西市场的门路。对于工业资产阶级来说，经济改革的关键在于恢复帝国特惠，废除1810年贸易条约——这份条约终止了《梅休因条约》，并且允许所有的英国商人直接进入巴西。这些工业愿望得到了商人阶级的支持，他们在这份与英国签订的新条约下也遭受了损失。虽然葡萄酒商不像纺织商那样和殖民市场联系紧密，但是南部的葡萄酒在巴西要比在欧洲或者里斯本好卖多了，因此，葡萄酒商也支持革命需求——把英国人赶出去，而巴西作为一个特惠市场必须归还给葡萄牙。

19世纪葡萄牙的城市，尤其是里斯本和波尔图继续统治着政局。里斯本同时也是欧洲的大城市之一，葡萄牙大部分的金匠和书商汇集于此，来满足城市专业阶层的需求。城市化的整体水平与16世纪帝国相比变化很小。不过长期以来一直是小集市、猪在街上乱跑的波尔图，始终在不断发展，其面积在1801年至1864年间扩大了一倍。市镇的商店、事务所、工厂仍然留在破旧而曲折的城市中心，然而那些富裕的巴西归国者在东部郊区建起有装饰性铁质阳台的微型宫殿。英国的葡萄酒商和股票经纪人则在城镇的西部拥有优雅的住宅。市政议员推广煤气灯，以此来强调他们商业城市的地位。波尔图的中产阶级则希望通过吃土司和喝奶茶的方式来赶上外国人。不过波尔图城市化发展指数仍然维持在低位——11%。此外，与葡萄牙社会结构相似的西班牙的工业化和城市化水平均高于葡萄牙，在革命后的100年中，84%的葡萄牙人仍然生活在农村。这种缺乏发展的情况既是不断海外移民的原因，也是其结果。小城镇无法提供多少教育、工作以及从农村杂役中解放出来的机会，因此在19世纪，移民的传统进一步推进。很多成功的移民者不选择回来，因为回国后会被嘲笑为没有教养的暴发户。只有很成功的移民者才能够支付起回家的路费或者达到家人的期望。既然葡萄牙的双子城不能吸引大量有活力、有雄心的年轻人（他们从农村中逃走，把目标锁定在巴西和美国），那么寻找社会和政治变革的任务就得交给相当谨慎的中产阶级和少数具有想象力的贵族军人负责。

葡萄牙革命中第一位战争英雄是 1820 年起义中的烈士。戈梅斯·弗雷尔是一位见多识广的军官，他出生在维也纳，曾在拿破仑的葡萄牙军团中服役。在法军占领德国时晋升为德勒斯登城的总督，并在德国耶拿大学获得荣誉学位。在旧制度复兴后，戈梅斯·弗雷尔回到葡萄牙并恢复了政治地位。在里斯本，他成为葡萄牙共济会的大师，当时共济会在军官中传播很广，因为他们曾在外国占领时期与英法的共济会成员称兄道弟。在革命年代及其以后，葡萄牙共济会扮演着特殊的政治角色，这使教会的权威人士大为惊愕。在 1810 年至 1820 年间，这位共济会大师成为一位英勇的爱国者，以其自由主义观点、反对君主专制的回归、批判摄政委员会而著称，但最重要的是他与葡萄牙军队的英国司令官贝雷斯福德进行的斗争。1817 年，当关于秘密计划推翻政府和驱逐英军的谣言在里斯本传播时，戈梅斯·弗雷尔被逮捕，并以卖国罪处刑。但是他作为葡萄牙民族英雄的名望进一步提高，人们指责对他的判刑，并将卖国罪转移到贝雷斯福德的身上。然而对戈梅斯·弗雷尔的处决不但没有镇压上升的国家动乱，而且还被里斯本的民众视为牺牲，这也促进了反对英国占领运动的发展。

葡萄牙革命爆发于 1820 年 8 月 24 日的波尔图。80 个城市的商人和几名贵族"宣布"反对英国的占领，然而与此同时，贝雷斯福德却安全地离开葡萄牙，造访在巴西的国王，并寻找延长他总督权威的方法。9 月 15 日，革命波及里斯本，但表现方式更为激进——由沮丧的士兵带头，商人们也意识到他们不能压制民众的呼声。两个城市的领导者在科英布拉聚首，共同规划温和的议程，议程包括要求驱逐英军、复兴君主制、重建与巴西的贸易。这些目标没有完全实现，但是在 10 年的停滞过后，政治上又出现了新的生气。反抗者组织了制宪会议选举，为新生的葡萄牙规划宪法的结构体系。有点出乎意料的是，选出的代表多为专业人士而非商业中产阶级。其中有20位大学讲师但只有3位商人，有40位律师但只有2位业主，有14位教士但却没有修道院院长。另外格外引人注目的是，这次选举没有殖民利益、葡萄酒商和工业家的代表。然而令人不会感到惊讶的是，这次选举没有人们预想中的革命英雄——平民代表。此次选举产生的新的政治家主要是从蓬巴尔改革后的大学毕业的自由派人士。

1820年宪法的制定者十分的谦虚谨慎，但是在讨论时也没有回避当前面对的冲突和困难。宪法的制定者们希望葡萄牙王室从巴西返回，不过他们仍认为国家应该独立，布拉干萨王室应该被推选为国王，而他们的否决权也只能用来推迟立法而不能抑制立法。宪法的制定者们也希望天主教成为葡萄牙的正统宗教，但是他们不能接受天主教成为独一的宗教。大主教抗议宗教信仰宽容政策，随即被流放到法国。他们反对神职人员的法定特权，但是仍在世俗社会留下很多的不公平。他们希望扩大公民的权利，但是也想保护财产的所有权，这些财产在他们所属阶级和服务他们的穷人之间造成巨大的差距。他们很高兴能够取消封建制度对橄榄油、草药房、公共烤房的控制，但却不愿改革市镇的社会关系。他们希望能够有一个议会，但为此投入了一场激烈的争论：激进分子、民主主义者和共和主义者们支持一院制，反对者为君主主义者、保守党和天主教徒，他们主张建立两院制。他们认为自己是民主主义者，但他们中的部分人已经在波尔图参加了颠覆旧制度的秘密组织。他们是政治理论家而非政治实践家，当然也不是蛊惑民心、希望在没有文化的大众中捞取选票的政客。

对于早期革命的政治辩论最终达到顶点，表现为1822年宪法。这部宪法的激进程度令人吃惊，其基础是在驱逐半岛战争的侵略者后在加的斯起草并被西班牙采用的1812年宪法。10年后，此文件的民主要旨已经不是恢复后的欧洲的保守党势力所喜欢的了。然而即使国

图 25 在塔霍河南部的阿连特茹平原，南部的村民们几百年来都使用公共烤房烤小麦面包。

会没有世袭的上议院成员来压制选举产生的潜在的激进主义的议员，它对英国还是可以容忍的。公民权十分自由，可以容许国会进行选举，考虑变革立法以适应葡萄牙社会正在经历着的社会变化。这些自由之父未能在军队问题上达成明确的决断。他们不赞成军事政治专政，而这已经在英国的控制下持续了 10 年的时间，但他们也不反对为自己中意的事业寻求军事支持，或是叫军队来压制一切按他们谨慎的定义属于激进主义范畴的动向。军队成为政治革命的一个主要因素，在 1823 年军人成为第一批国会议员，他们尝试着给国家政治一个新的面貌。

在1823年军队政变之前，葡萄牙与巴西的关系发生了根本性的变化，进而影响了整个革命。前摄政王储，现在的若昂六世国王于1821年从里约热内卢返回到里斯本，重新开始承担他1807年放弃的王室责任。若昂六世国王把巴西发生的事留给他的儿子佩德罗处理，据一些不可信的当地传说，他说，如果巴西独立的话，他宁愿是他的儿子领导，而非一些不认识的政治投机者。这份预想中的独立宣言很快形成，葡萄牙的佩德罗王子也成为巴西的国王——佩德罗一世。宣言有损于葡萄牙革命的若干关键目标，严重破坏了国会议员们的信用。而国会议员们正在帝国复兴的基础上努力奋斗以求创造新的秩序。尽管巴西独立破坏了民主进程的第一步，但是议会政府遭到推翻的场合马上发生在欧洲，而不是巴西。

1823年，法国在复兴的、极端保守的波旁王朝的统治下入侵西班牙，压制西班牙国内加的斯民主宪法的支持者。加的斯宪法是葡萄牙1822年宪法的模型，也成为革命年代的信条。另一方面，葡萄牙的稳健派担心宪法会挑拨欧洲保守势力，同时也担心神圣同盟可能会紧随着对西班牙的攻击而进攻葡萄牙，以迫使里斯本恢复国王专制统治。为了避免侵略，甚至是内战，一位叫作桑塔哈的年轻勇猛的将军招募了一小队军队，进入里斯本城革除了议会，驱逐了宪法的"极端分子"。

这位将军是18世纪的独裁者——蓬巴尔侯爵的孙子，此次政变是在未来的50年中他引导的若干事件之一。为了阻止专制主义的复辟，避免自由主义的挑战，桑塔哈将军计划实施一个宪法折中方案，即恢复部分的王权来安抚国王若昂六世。温和保皇党的政变使保守派人士感到失望，他们视桑塔哈为一个颠覆性的互济会会员，激进分子对此也十分愤慨，尤其是当他们发现国王已经从英国召回贝尔斯福德

第四章 巴西独立和葡萄牙革命　　105

Le maréchal-duc de Saldanah, nouvel ambassadeur de Portugal à Paris.

图 26　陆军元帅桑塔哈是 1820 年至 1851 年的葡萄牙革命中的军事领袖人物，并且作为公爵，直到 1876 年逝世，一直主导着君主立宪制下的议会选举和议会外的政治。

并让他作为自己的私人顾问时，因为他们认为国王只能当傀儡。桑塔哈将军的军事政变结束了葡萄牙革命的第一阶段，宣告了建立两个中央目标的失败，消除了英国对葡萄牙政治的影响，并且恢复了对巴西的殖民权力。更糟糕的是，他对于温和的王室家长制统治的承诺很快因 1826 年国王去世而破灭。葡萄牙驶往革命的第二阶段。

建立在受教育的男性选民基础上的自由民主，在面对反革命保守势力的挑战时不可能长期地生存下去。但直接导致其失败的是 1822 年巴西独立宣言。如果恢复对巴西的经济控制，商业中产阶级可能会支持国会议员，但是当他们彻底丧失了对殖民地的控制权时，商业中产阶级则转而反对他们。当 1826 年国王若昂六世去世后，葡萄牙被激进分子和独裁势力所分割，甚至连葡萄牙王室都被分裂了。现在的巴西国王佩德罗支持他小女儿玛丽亚继位，加入激进分子的阵营。而葡萄牙王后和她的儿子米格尔则支持恢复专制。于是佩德罗建议仿照法国宪法推行一个折中的宪章。这份宪章打算给予国王权力，以平衡立法、行政和司法权，并建立包括 72 位贵族和 19 位主教的上议院。而两边的极端分子都抨击这项提议，葡萄牙滑至内战的边缘。由威灵顿和贝尔斯福德领导的英国保守党徒劳地设法让葡萄牙双方和解并恢复英国对葡萄牙部分影响。威灵顿公爵派遣流亡 5 年的米格尔王子返回葡萄牙，希望米格尔王子能够代表他 7 岁的侄女——女王玛丽亚二世成为宪法的摄政者。而米格尔王子却自夺王位，并将数以千计的自由主义者流放海外，而他的专制主义作风还得到爱国者的支持。于是佩德罗放弃了巴西王位，航行到欧洲去为他的女儿争夺曾属于她的葡萄牙王位。他得到了法国的支持，法国已经在 1830 年革命中转向自由主义。佩德罗同时得到了英国的支持，英国已经将威灵顿公爵赶下台，并选举了由帕默斯顿爵士支配对外政策的自由政府。法国和英国都给佩德罗以军事支援，被米格尔流放的人们也对佩德罗予以支持，就这样，1832年葡萄牙内战爆发。

在葡萄牙从王权专制走向宪政民主的缓慢革命进程中，1832年至1834年的内战是一个残酷的中点。这场战争使佩德罗和米格尔两兄弟进行了残酷的斗争。米格尔占据着里斯本，并在奥地利的支持下进行战争以维护国王特权的纯正性。于是他开始在国内实行恐怖统治：将自由主义者投入监狱，因迫害和剥夺导致很多人死亡。而佩德罗的一小队自由军则以亚速尔群岛为基地，并在英法雇佣军的支持下登陆波尔图。佩德罗不仅受到了葡萄牙知识精英的支持，同时也得到了两位十分有政治野心的年轻的军事首领的支持。他们分别是桑塔哈和萨·达·班代拉，两人在内战中成为英雄，将来都担任了不少于5任的葡萄牙总理。

自由主义阵营进军缓慢，佩德罗的军队在内战的第一年一直在围攻波尔图。虽然军官们能够和英国酒商优雅地进餐，但是士兵们正在挨饿，甚至有大批的士兵死于霍乱。这种情况在纳比尔将军出现后才有所转变。纳比尔将军是英国自由主义者舰队的指挥官，他在南部海岸打败了保皇派的舰队，并派遣一部分军队从南部海岸登上里斯本城。里斯本城的民众也起身反抗统治他们5年之久的保皇派，驱逐了米格尔的守备军，缴获了王室兵工厂，并将兵器分给了获释的政治犯。佩德罗将其指挥部迁到了里斯本，而米格尔再一次被流放。在进行了两年痛苦的和毁灭性的战争后，葡萄牙又一次破产，并且对外国债权人有所亏欠。政治家们较为焦虑，因为他们担心米格尔在奥地利的支持下再一次返回葡萄牙，同时也怀疑佩德罗对自由主义的承诺有多可靠，于是着手推行意义深远、不可逆转的激进社会重组计划。

1834年激进主义之所以产生，主要是因为封建制度在葡萄牙继续存在。封建制度粗暴地镇压穷人，并且在革命的第一阶段几乎没有进行过改革。税赋之沉重可以从里斯本城附近一个隶属于皇室的农场看出端倪。该农场每年产出 60 歌珥的玉米，其中农民保留 12 歌珥，地主留有 30 歌珥，贡品搬运费为 6 歌珥，什一税为 5 歌珥，所剩的部分则要缴纳名目繁多的国税。其他的农民还需要缴纳打谷税、耕牛税、磨粉税、货车运输附加费等，除非他们把所有的农产品拖运到可以通航的河岸边，才可以免除这些税收。更可悲的是，农民没有衡器，只能接受执行官的度量衡，不管有多缺斤少两。寡妇只能获得特别少的收入，然而教会会费仍没有得到有同情心的减免。一个大的修道院控制着 29 个郊区，即 6 000 片田产的总收入，并垄断着其中所有的磨坊、压榨机、河船、粮仓。教会则掠夺了国家十分之一的橄榄油，八分之一的亚麻和头胎的家畜，以及面包、葡萄酒和水果的税金。而教会的支出主要有拨款给修道院、教区长的管区以及发给主教们薪金。这样，在 1834 年，有着强烈反教权寓意的革命热情重新点燃也就不是不可思议了。

1834 年的激进主义部分是由于对曾经支持米格尔废除宪政的财产所有者和基督教会机构的恶意报复。占国家领土四分之一的王室领地由政府接管，政府则通过拨用财政收入或直接将土地出售给私人的方式来帮助偿还国家债务。其中 300 多所男修道院——大部分很小，但其中一些拥有丰厚的地产——被废除，他们的土地则被卖给了自由运动的支持者。像 16 世纪的英格兰一样，修道院的瓦解使一个新兴的阶级——上升中的地主日渐富裕，这些地主们坚定地致力于资产的转移，并不打算返回到旧制度。中产阶级在革命之前玛丽亚一世的统治影响下已经成长，而现在在小女王玛丽亚二世的统治下获得了更多的土地、影响力以及贵族头衔。民众针对米格尔支持者的过分的教会至上主义的反感，使得没收教会土地的做法得到接受。被重新分配的教会财产之多可以和王室的财产相较，它们被用来偿还自由派在内战中所欠下的债务。

教会和王室的土地没有使葡萄牙按照预期的方式复兴。土地的价格逐渐降低，这是因为供应超出了需求。新兴的拥有大量廉价土地的所有者们非常理智地决定继续采用过去大范围、剥削式的农业手段敛财，而非像土地稀少且昂贵的欧洲一样将宝贵的资本投入到新出现的精耕细作法。用锄耕作或者是用木犁耕种的方式没有被用牛深耕所取代，并且土地也没耙松和施肥。然而市场的力量并没有导致南部大规模、无效率的大庄园地产衰败，但这些正在地中海世界其他国家发生着。劳动者们工资低得可怜，以至于他们不断地想方设法要逃到巴西。而葡萄牙三分之二的土地仍然未完全开发，其上有未被开发的树木、灌木、沼泽地和贫瘠的荒山地。大部分被耕种的土地仍然是为了满足农民们基本的生活。在城镇里，充公的基督教会建筑物没有按照英国国王亨利八世所建议的那样，成为新学校或者是有其他生产性的用途，反而被交给了军队，成为拿破仑粗鲁的革命军的豪华住宅营。这样，在两年之间，内战胜利者的理想也陷入了困境。

1836年9月，革命复苏的势头出现，始于一场城市起义和军队政变。起义发生的根本原因是长期的失业。在内战中有近10万人服兵役，革命结束后他们被迫退伍，进入不景气的经济环境。移民的办法对很多人不适用，国内对就业的期望很高。大量衣不蔽体的农民流向城市，里斯本城的民众也对王室批准的政府的冷漠表示抗议。葡萄牙的国民军不仅不镇压起义，反而支持抗议者，批准了让萨·达·班代拉回来领导的呼声，并恢复了1822年宪法。市政府从城郊的宫殿召回了玛丽亚女王，并让她宣誓效忠于宪法。据说，女王当时看起来像是被冒犯了，正如玛丽·安托瓦内特面对断头台时的表现一样。一些新兴的有产阶级对于里斯本的暴民政治或波尔图围城战中的英雄所行使的激进统治十分恐慌。1826年宪章的公民权给予地主追求的全部权力，他们也很高兴可以与王室成员联合起来。然而实际上的领导人是另一位伟大的自由主义运动的军事英雄——桑塔哈，他不愿意为推翻"九月"政府，再一次发生流血事件或重燃内战的战火。因此他和自己的老战友萨·达·班代拉商议推行非革命式的改革方案，同时开始实行适度的现代化计划。

重建的压力来自市民和商人阶层，尤其是曾把九月思想付诸实践、进行一系列社会改革的商人阶层。他们不仅对初等教育进行改革，而且也建立了文法学校以替代被禁止的教会学校。工商业训练不断发展，艺术和戏剧学院也建立起来。同时里斯本和波尔图城分别创立了工艺学校，科英布拉大学也再次进行适度的现代化改革。人们建立了图书馆，并收藏了被解散的修道院的图书，而博物馆也收藏了修道院的艺术品。此外关于出生、结婚以及死亡的公民登记制已经建立并取代了基督教会所制定的登记制。年轻的女王与萨克斯-科堡王室联姻，此王室已经统治了比利时，并即将统治英国。而德国女王的丈夫——将来的斐迪南二世来到里斯本，十分谨慎地指导着她，遏制她的保守本性，引导她穿过宪政雷区。在这片雷区，希望把权力归还给人们的1822年宪法拥护者和认为权力只能在国王的恩惠下让予的1826年宪章派彼此对立。虽然战后解决旧怨的残暴性已经缓解，但之前已暴露了上千次政治暗杀企图。最终激进主义者和保守主义者之间达成了一个折中方案，而这一方案使得1846年革命最后阶段之前的葡萄牙持续了近10年的稳定。

1836年葡萄牙九月改革中伟大的稳健派英雄仍然是萨·达·班代拉。他1795年出生于里斯本城附近的一个拥有土地的家庭，年轻时就参军。半岛战争中他曾受过伤，成为俘虏，被截肢后遭遗弃，任他自生自灭。尽管身体伤残，他仍然是位杰出的骑兵、战士和军事工程师。他曾在科英布拉、巴黎、伦敦留学，并成为葡萄牙新贵族中最国际化的成员之一。在米格尔篡权时他在西班牙、英格兰、巴西流亡，直到内战包围战中于 1832 年登陆波尔图。在内战期间他坚持写日记，所以后来他写了大量的关于政治、经济、军事以及殖民关系的作品。他始终是坚定的自由主义运动左派，因此他是反对暗中不断壮大的保守派的理想领导人。之所以反对保守派是因为他们在 1836 年的选举中限制了公民权，并重新发起对政治的军事干预。但萨·达·班代拉最大的野心是以复兴帝国使命的方式来恢复葡萄牙的气运。因此他把视线转向了非洲。他制订法律来取缔从非洲到巴西的黑奴贸易。这样做的目的是要用非洲的劳动力在非洲创立一个新帝国，而非将他们迁移到一个新的独立领土——巴西。建立第三个帝国的梦想在每一代葡萄牙政府中都出现过，但是真正实现这一梦想是在 100 年之后。直至 18 世纪 30 年代，萨·达·班代拉在 17 世纪 30 年代所设想的美景，即对安哥拉、莫桑比克的殖民才有效地付诸实践。与此同时，一份不同的经济改革和现代化的计划被九月政府所采用。然而该政策依靠的是欧洲而不是非洲，并由新一代的技术专家们领导，这些技术专家后来则涌现在葡萄牙的公共生活中。

1836 年后，一位新技术官僚领导逐渐崭露头角，他就是里斯本总督和葡萄牙女王的心腹——哥斯达·卡夫拉尔，他曾为司法部部长，并致力于删除政府政策中的民粹主义元素，恢复与梵蒂冈的外交关系，以及恢复 1826 年的保守宪章，而这一做法尤其让女王感到高兴，因为此宪章是女王的父亲所起草的。卡夫拉尔政府中活跃的领导者记起了蓬巴尔式政府，并将新政府建立在城市和商业利益的基础上。而这与旧的九月政府的领导者们不同，因为九月政府的领导者们是和地主们关联在一起的，他们希望为从皇室和教会手中得到的土地上种植的小麦和葡萄酒获得保护性的关税。这些关税是由旧自由主义的守卫者们设立的，使农产品的价格居高不下，但鼓励了来自西班牙的小麦走私，使城市的粮食供应变得稀缺。卡夫拉尔政府赞成为新工厂中的工人们进口廉价的食品，并减少限制支持他们的商人活动的贸易限制。授予私营公司股东在传统业务——如烟草加工、肥皂生产和火药研磨——中的垄断权这一蓬巴尔时代的旧制度得到恢复。反对派们则抱怨这些优惠，更别说欺诈，给投机分子大开方便之门。并且抨击议会已经变成了拍卖行或证券交易所。在投机的泡沫爆发为世界经济的衰退之前，现代化已经受到了来自葡萄牙农村的挑战。

不断倒向右翼的技术官僚自称为自由主义的继承者，一直在鼓励新兴的地主们更好地利用其土地，并把旧的修道院的地产转化为可进行生产的农场。哥斯达·卡夫拉尔本人在托马尔建了一所乡间别墅，而此别墅已成为葡萄牙最著名的城堡之一，给当地带来了极为宜人的景色。农村发展的主要因素仍然是提高运输力。因此技术官僚就通过一家私营化的公共工程公司来寻找筑路的金融资本。为了吸引国外的投资，他们要保证的是国家安定而非自由，权威主义的公共机构已经成为葡萄牙社会持续的特征，而非民主的进程。行政的官僚化和专业化深深影响了人们对政府的态度，公务员和工程师取代修道院长和贵族，成为人们巴结的对象。为了给新秩序提供资金，国内财政进行了重新调整，还建立了中央控制下的地方政府。而卡夫拉尔受到左右翼政治家们的指责，称他同时背叛了革命和反革命。1846年葡萄牙革命中第三次大规模的内部冲突爆发了。这一次冲突爆发者既不是波尔图中产阶级的激进分子，也不是里斯本城的暴民，而是北部省份——米纽的农民。

葡萄牙北部是一个远离首都城市政治的世界。传统上讲，米纽的山地农民在冲击河谷种植小麦，在崎岖不平的地区种植谷子或黑麦。在休耕年，当土壤恢复肥力时，农民们会放牧或者在条播田上割干草。山顶被用来放牧和储存从罗马时代生存下来的栗子中采集到的野生坚果。他们聚居的模式为日耳曼式——耕种者居住在散落的土地上而非集中居住。房屋也是谷仓、马厩、牛棚、厨房和躲避风雨的地方的组合体。社区中有半数的家庭耕种三四公顷的土地，平均产出 50 蒲式耳的小麦，30 蒲式耳的黑麦，10 蒲式耳的谷子，养 4 头奶牛。家庭劳动者们秋天种植谷物，春天则种植亚麻。卖往波尔图屠宰场的小牛犊给当地带来现金补贴，以维持自给自足的经济。在当地，牛奶是主要饮料，而葡萄酒只在节日时才饮用。人们用橡子饲养猪，并将猪肉腌制起来过冬。在森林中打猎，收集栗子以此来饲养动物和满足歉收年份人们生活的需要。卷心菜汤是日常的食物，但是却没有橄榄油来调味。同样水果也十分稀少，因为所有的商品输入都需要从赶骡人那里购买。女人要自己编织裙子，而男人则要穿上像茅草并可以防雨的稻草大衣。平原最享有声望的购买物是黄金，它可以制成节日佩戴的个人装饰物。山地妇女们佩戴耳环、项链、戒指和金银透雕的心形物以显示她们在乡民社会中的地位。

到 18 世纪，一场缓慢的农业革命渗透到米纽，带来了一种新的农作物——巴西玉米。它首先代替了坚硬的谷物，后来人们发现它的产量是小麦的两倍，因此在肥沃的山谷也种植了玉米。种植玉米比传统的种植方式需要更多的劳作，但施肥后能有很好的收成，因此使更多的土地适合生产。年景越来越好，人们为晾干和储存粮食而不断建立新的粮仓。农民逐渐富裕起来，也更操心于保护自己的家庭和粮食，尤其是 1807 年法军和英军入侵葡萄牙时。此时偏远的山区已经成为高产的农田，开始吸引曾忽略这片自给自足的农区的城镇市民。土地使用者们成为地主，土地的买卖和租赁成为一项诱人的行当。由玉米革命所带来的新农业生产力在引进美国马铃薯后进一步提高。然而正如在世界其他地方一样，1845 年的马铃薯种植在葡萄牙也失败了，带来了不幸和贫困。而营养条件的改善已经带来了更高的出生率和更大的家庭规模，这一事实使饥荒更加严重。就在这样的背景下，

1846年北部社区的暴动导致了第三次也是最后阶段的葡萄牙革命爆发。

1846年的北部起义最显著的特征是由妇女领导。葡萄牙北部的妇女在经济上占有着重要的地位，在法律上享有充分的自主权。随着土地变得愈加稀缺，小块的土地逐渐被分割，直到不能充分维持一个家庭的生活。集约耕作越来越多地依赖妇女，因为男人们都被迫暂时或长久地移民。尽管在美洲的男人也给他们的母亲或妻子汇款，妇女们仍然要扛起家庭和农务的主要压力。因此妇女成为一家之主和土地的所有者。于是她们在17世纪40年代的早期，即卡夫拉尔统治时期，在政府官僚主义的入侵下感受到了威胁。一群女性先驱领导了这次北部起义，而此次起义也被称为"马利亚达方迪"，即"喷泉边的玛丽"这一形象成了"斯温船长"的同类，那是英国农民起义民间传说中的神秘人。

引发1846年起义的主要原因是尝试进行圈地和登记土地所有权。地政局办事处建立起来，这就使富裕的学者和中产阶级的土地购买者们能登记自己的名字而不顾地方的习俗。传统的土地使用者没有接受过教育，也没有律师朋友，因此也没有反对新权贵的办法。那些被用来临时供应粮草、放牧、烧炭、诱捕生物的土地已经转变成私有财产，并由新主人手下的看守和农场管理人巡逻。曾经带来生存以外的、移民所需的额外收入的农村非正式经济也被打压。农民们明确反对拾落穗或烧炭的传统权利的丧失。马利亚达方迪起义的反抗者们并非狂热的宗教信仰者，而是十分理性，一心想把新落成的土地登记办事处付之一炬。

1846年起义巧妙利用了当地人的焦虑。他们精确认识到哥斯达·卡夫拉尔的现代化政权希望可以完善土地的税收制度，并以此来为他们宏伟的公共工程项目投资。每一位地主都被要求找一位能书会写的人，帮他填写公文表格，保护他的利益。于是，保守农民的隐私被靠不住的城市律师侵犯了，激怒了北部人民。起义领袖宣称，政府开展土地登记是为了圈地卖给葡萄牙北部那些可恨的英国人，虽然这种说法基本上是假的，但为起义赢得了更多支持。英国人是异族，他们狠狠剥削物质商品和农民渴望但很少有人能负担得起的奢侈品的供应商。同时英国人还是傲慢自大的放债人，他们常常取消逾期不还的顾客们的赎买权并收走他们的土地。他们象征着一切恶行和剥削，这样自然激起了农村客户们强烈的民族主义情绪，这股民族主义情绪使马利亚达方迪妇女们想到了被流放的米格尔王子，于是她们把米格尔称为"国家的拯救者"。

他在里斯本的恐怖统治被忽视或者被遗忘，纯粹的保皇主义的爱国理想获得了巨大的吸引力，在起义中广泛流传并使政府恐惧。更糟的是，反抗者们和希望恢复在1834年修道院解散中丧失权势的教会势力联合起来了。

哥斯达·卡夫拉尔政权中激进的右翼改革者们最具倾向性的创新就是公共卫生立法。此立法宣布以后的葬礼应该在城市郊区的公墓中举行，这就与葡萄牙哀悼的丧葬风俗相冲突。传统上讲，对于死亡者恰当的处理方式为将尸体停放在教会的藏尸所中直到尸骨可以入土，并埋入体面的家族墓室。妇女们对取缔如此神圣的风俗愤怒不已，并和神父联合起来共同抗议。当政府官员试图干涉葬礼，他们遭到攻击，棺木被抬回教堂，还有武装人员守卫。而抗议者们则受到了来自西班牙边境一带的类似抗议的鼓舞，那里的政府同样干涉丧葬风俗并引发了一场农民革命。在早期反对教权主义革命之后，宗教已经返回到政治进程中。而当抗议从乡村逐步发展到城市时，哥斯达·卡夫拉尔政府的挫败感也在不断增加。同样，政府也受到了受教育阶层的抨击，因为政府废除了来之不易的新闻自由。在这场危机中，公民自由

图 27　1846 年，葡萄牙革命内战的最后阶段的农民起义，部分由害怕失去土地权的妇女领导。

权被剥夺，并宣布了戒严。士兵们拒绝向他们的亲戚朋友开火，反而加入了北部意见不同者的行列，逐渐在波尔图形成了一个革命政府。于是哥斯达·卡夫拉尔下台，其改革运动也暂时停止，同时在里斯本成立了民族和解政府，应对各阶层的不满。

希望接管哥斯达·卡夫拉尔政府的政客无意满足抗议者们激进的要求。因为他们属于中产阶级，惧怕平均主义和对太平盛世不切实际的渴望。他们反对农民们提出的要求——废除收费公路，农民可以免费使用乡村土路。他们也不希望国家由一群自愿站出来保家卫国的人管辖，因为这些人仅仅从同志中选出官员。但是他们支持资本主义的发展和土地市场价值的传播。中产阶级商人在使北部抗议恶化的粮食危机和马铃薯种植失败后的利润增长中谋利。但饥饿和国家财政危机给里斯本带来了恐慌，因此自称为纷争解决者和葡萄牙救世主的桑塔哈再一次接管了政府。然而桑塔哈的政变并不被波尔图市民所接受，并在此革命框架内引发了一场小型战役。

1836年第一次内战结束之后，随着波尔图的衰落和里斯本经济重要性进一步的上升，葡萄牙的重心转移了。工业增长在里斯本，货币市场在里斯本，同样里斯本政治家们也给予其商业伙伴们一定的保护。1846年秋的波尔图叛乱不同于米纽城春天的叛乱，是由挫败的现代化推进者所领导的。他们赞同哥斯达·卡夫拉尔的思想体系，但却因自己贸易和工业的份额日益衰落而感到沮丧。反叛者们选择了九月政府中的理论家、桑塔哈的主要竞争对手——萨·达·班代拉作为他们的领导者。然而萨·达·班代拉一直是审慎的妥协派，他担心在饥荒时期领导一支波尔图军队袭击首都里斯本可能会引爆他10年前费尽心思控制的激进主义思想。萨·达·班代拉没有煽动战火，相反，他开始与哥斯达·卡夫拉尔的流放地英国进行谈判，并安排他返回葡萄牙来承担国家的重担。于是这位暂时失势的领导在1848年恢复了权力，又统治三年。然而在1851年萨·达·班代拉再一次被桑塔哈驱逐出政府。此时前陆军准将、现在的公爵桑塔哈自封总理，通过上议院推行了5年进步而理智的统治。他的寡头民主政治以"重建"为口号，并给葡萄牙带来了20年的稳定。

1851年桑塔哈的军事政变结束了葡萄牙革命。在许多方面，革命时期是动摇不定的。在31年的时间中，共有40届政府，其中一定数量的军官、知识分子和贵族坐上了部长宝座这把带魔力的转椅。尽管如此，革命年代仍然带来了效力持久的变化。新兴的中产阶级从国家土地出售中获利，并快速地积累了贵族称号，成为一个政治上更加保守的阶级。商业贸易上继续受英国风俗习惯的影响，甚至受其度量单位的影响。政治上逐渐采用英国的政治范式——两个区别不大的政党和一个两院制议会。受教育阶层通常会更深入地了解法国思想，官僚主义带来了中央和地方政府的大规模扩张，创造了大量法式就业机会。更加令人惊奇的是，精英分子也从西班牙获得外交思想和习俗。由于跨省区的传统敌意，葡萄牙史学往往低估西班牙对葡萄牙政治思想的影响。然而革命的每一阶段都可以在西班牙看到类似的发展。王室中有影响力的派系一直为西班牙的贵族，不过他们的忠诚常常被怀疑。另一方面，葡萄牙的激进分子能够轻松阅读与他们同时代的西班牙人的作品，并受他们的影响。然而到革命结束时，对整整一代政治家影响最大的是"宪章派"。他们是温和的保皇派，从巴西回国以对抗赞赏西班牙激进主义并拥护半共和的1822年立宪派和西班牙女王支持的对立极端主义指导下的、坚定不移的1822年专制主义者。

1851年，当桑塔哈夺取政权时，他集中体现了贵族军事政客的传统。他倾向于自由右派，但是他的忠诚心却动摇为寻找一种折中方针。他明白作为革命基础的国民经济可能已经变得十分衰弱。如果只考虑公开辩论，不考虑私人争论的话，基本的辩论是在自由贸易派和

图 28 "维多利亚时期"里斯本的中产阶层穿着优雅的法国时装漫步在法式建筑林立的大街上。

贸易保护主义者之间展开的。1820 年自由党中的自由贸易派大多与英国的贸易利益一致,不想阻碍后者。农业和制造业利益群体更积极地捍卫法国式的民族主义经济模式,希望对进口施加关税保护。

贸易保护主义仍然是九月自由派的政策,但是因为他们向卡布拉尔政府中的现代化改革者让步,自由贸易再次被采纳,甚至授予葡萄牙航运的优惠也被废除,以提高整体的贸易额和交易者的利润。重新产生限制英国经济统治、用关税壁垒保护生产的抱负后,1851 年政府恢复了有选择性的保护主义方针。虽然由一位老派的骑兵军官指挥着葡萄牙,但是一个新的民主的葡萄牙进入了新生时代。

第五章　资产阶级君主立宪制和共和党

葡萄牙民主时代的新生开始于 1851 年，因为就在这一年创建了一个两党制的政府，以实现与欧洲"维多利亚"时代的其他小型王国的经济发展相符合的国家现代化。这一过程有几个转折点。1870 年，欧洲经济出现衰退，破坏了葡萄牙繁荣的基础——葡萄酒的价格降低，限制了出口的机会。这次短暂的衰退轻度刺激了葡萄牙进口替代品的生产，并再次发起了工业化政策的辩论。它还鼓励政治家们重新思考关于殖民地的机会。一个宏伟的计划诞生了，即连接东西海岸旧的奴隶贸易港口的非洲新帝国——横跨非洲大陆的"玫瑰色地图"。这个帝国野心首先被比利时所侵蚀，接着是英国发出的关于命令葡萄牙从赞比西河腹地撤出的最后通牒。葡萄牙只好勉强地将殖民地定为安哥拉和莫桑比克。殖民地的问题引起了葡萄牙王权信任危机，导致了共和党的骚乱。19 世纪 90 年代，当崛起的城市工人阶级在遭受长期的经济衰退下的贫困时，共和主义也获得了发展。与此同时，武装部队的士兵们的政治意识不断增强，下级军官秘密组织了"烧炭党"来和高级军官中的共济会组织相抗衡。1908 年共和党的极端分子刺杀国王卡洛斯，两年后驱逐了卡洛斯年幼的儿子，并宣布成立葡萄牙共和国。知识分子接管了国家政权，但这些新举措很快随着第一次世界大战的爆发而被破坏。1917 年，英国强迫它最老的盟友——葡萄牙向德国宣战，很快，葡萄牙陷入破产，士气低落。在共和主义的平民开始漫长的战后重建之前，该国曾短暂而徒劳地试图通过有力的军事独裁来解决其问题。然而，民主党人的努力不断地被颠覆性的反对派破坏，最终导致 1926 年天主教军官政变。到 1930 年，士兵都屈服于技术官僚的独裁，而他们不得不面对世界大萧条和巴西结束与葡萄牙一切贸易、金融及移民的决定。控制政府的货币主义独裁者——安东尼奥·萨拉查，仿照意大利法西斯主义的一些想法，继续执政了 40 个严峻的年头。

19 世纪中期的民主保皇派试图建立现代国家的交通运输和教育系统，但这不应掩盖葡萄牙的社会现实——大部分农民仍在为生计进行斗争。北方农民已经在 1846 年起义中发出自己的悲鸣，这暂时削弱了从城市流散出来的现代化改革者进行掠夺的势头。在南部，农民的生活方式受政府直接影响较少，这有好处也有坏处。在 19 世纪，南方社会主要应用来自穆斯林时期的技术种植小麦、大麦、燕麦、黑麦、橄榄和葡萄酒，并饲养绵羊、山羊、牛、马、猪等牲畜。富有的产业主们更喜欢吃小麦面包，而他们给工人的仅仅是黑麦面包。在这个世纪后期，关税保护使蒸汽脱粒机的引入成为经济上的合理选择，以取代以往的连枷和扬场。为强调机器操作员的地位，其报酬已经变成了小麦面包，但地主仍顶住压力，不将小麦口粮扩展到普通工人。

修道院和王室的土地被拍卖以及关于土地收购、合并或继承的封建限制被废除，给资产阶级君主国中靠自己努力的人带来好处，自由党支配下的南部土地所有权被慢慢地修改。

成功的地主已经拥有数百英亩土地，但他们仍开始侵占由王室授予市政理事会并让平民百姓放牧和种植农作物的公共土地。一些带状土地被圈起来，甚至出售，但当农民被能买得起肥料甚至机器的农场主所排挤时，他们感觉到被抢劫了。起先，农民在粮食不足时总能到附近的野林去养蜂或打狼，回报颇丰。但更强大的铁器投入使用后，生意人会把崎岖的野地犁平，从而减少了农民采集食物的机会。富裕

图 29　1884 年里斯本农业展纪念章。

的农民建造大车将小麦运送到面粉加工厂和面包店，这些机构得到一定补贴，以促进进口小麦到国内生产小麦的转型。虽然侵占新地的行为在牺牲贫农的基础上使大农得益，但葡萄牙的粮食生产仍然没有自给自足，在 1930 年世界大萧条之后，政府才干预并制定了与墨索里尼在意大利所尝试的政策相类似的粮食生产计划。

19 世纪葡萄牙南部人口高度分化，即使在废除封建特权后也是如此。大房产的所有者们挤入独特的社会阶层，这优越于他们工作的邻居，更不用说他们的员工。这些精英慎重地选择婚姻伴侣，为其子女寻求更高的教育，聘请管家向其职工发号施令并力图避免任何形式的体力劳动。这批乡下贵族与农民划清了界限，这些农民们拥有、管理自己的土地，在其上进行劳作，并且获得必要的知识和贸易技能。

而他们并没有穿劳动者所穿的皮革短上衣,也要考虑婚姻的门当户对,即使在社会身份上与同家人一起劳作的分成制佃农不分彼此。分成佃农在开荒中扮演着重要角色,他们有时会拥有四分之三的作物并且获得新的小块土地的所有权。这些分成佃农被认为优于农民社会的最底层,虽然不愿以日工的女儿为新娘,但他们雇用这些劳力。一个农场工人不安而艰难的生活在他 7 岁时就开始了,此时这个小男孩被派遣去充当流动牧人的学徒。14 岁的时候,完全没有受过教育的农场工人开始从早到晚地计件工作,在收获季节他就得工作到深夜。但当天气不好的时候他就什么也挣不来。一直到 20 世纪他们的工作条件才得到一些改善。

农村社会保障以慈善事业为基础。农场主在其遗嘱中把衣服留给农场工人,农场主的妻子在节日上也会发放充足的面包和香肠。这样施舍穷人是深深扎根于天主教社会的,正如在穆斯林社会一样。"慈爱之心"(Misericordia)教会是一家重要的社区机构,它将收到的会费用来为穷人提供福利,为病人提供医院病床。当就业情况不佳时,身体健全的男人、女人和儿童在南部流荡,对社会治安构成威胁,这份恐惧也成了施舍的动力。而替代乞讨的是在社会上同样历史悠久的方式——盗窃。对于工人阶级来说,偷富人的东西比偷穷人更能让人接受,后者被认为是流浪者和吉卜赛人的罪行。

19 世纪末,自由派政府发现了更为正统的方法来削减因失业而引起的暴力,并在公共建筑工程中使用一些失业者,但报酬是很低的。

1851 年后被葡萄牙采用的公共建筑工程项目是非常引人注目的。它始于现代邮局的建立,此邮局以玛丽亚二世的名义发行了首枚邮票,之后不久玛丽亚二世就于 1853 年英年早逝。两年后电报局成立,并在半个世纪中传送了近 100 万份内地电报和 50 万海外电报。要建

图 30　在葡萄牙南部许多地方水是稀缺资源，用驴拉到各村庄，这种做法持续到 20 世纪。

立一直被蓬巴尔政府所忽视的道路系统需要更大的能量，而此时欧洲其他国家已经采用了碎石路面。当 1851 年政府上台时仅有 200 公里全天候通行的公路。有关连接里斯本到波尔图主干线的一份交通月流量统计显示，当月有 42 顶轿子、50 辆公共马车、256 头毛驴、3 569 位骑马者、4 313 辆两轮牛车和 63 406 位行人通过该要道。此后政府利用税收每年在道路网中建设 200 公里的公路，这个道路网一直存留到 20 世纪 20 年代卡车的出现。比道路项目更引人注目的是铁路系统的启动。铁路系统的建立依赖大量国外资本，其中主要来自法国。根据计划，这些铁路不仅能经由西班牙连接葡萄牙和欧洲大陆，也能加快葡萄牙内部的沟通。跨河大桥非常壮观，而列车通过隧道驶入了城市中心。在里斯本，液压电梯将乘客从街道运送到一个由仿后哥特风格的宫殿包起的悬崖边上，而波尔图火车站则由精美的细瓷砖壁画装饰着。

现代化的政治动力是"复兴党"。它由一位名叫方特斯·佩雷拉·德·梅洛的工程师控制，他主导了葡萄牙政坛 35 年。他不仅设计了公共工程项目，而且出访欧洲以获得必要的国际贷款。他的政党和"历史党"交替执政，"历史党"一样渴望现代化，并希望能比 19 世纪 20 年代的政治更为民主些，但是复兴党却继承了 19 世纪 40 年代技术官僚的原则。寡居的女王和她的儿子佩德罗五世、路易一世认识到政党交替执政能够传播政府的福利、减少对抗情绪。选举通常发生在政府更迭后，而非之前，即将上台的领导人班子设法获得省级选民中党派首脑的支持，从而胜出。"历史党"仍然受年迈的萨·达·班代拉侯爵的影响，在他的带领下"历史党"逐渐向左，成为"改革者"和"进步人士"（在社会主义与共和主义兴起之前）。1869 年，正是萨·达·班代拉领导的政府最终实现了自由派的夙愿——至少在名义上规定葡萄牙殖民地的奴隶制是非法的。然而，他的继任者在接下来的一年中无法解决因欧洲经济衰退而造成的日益严重的财政危机，而由已经脱离于时代的沙尔丹哈公爵领导的旧式政变又带来了意想不到的攻击。

1870 年是现代葡萄牙成型的一个重要转折点。早期维多利亚时代地主贵族和商业中产阶级享受的舒适优雅、和平繁荣的时代被破坏，甚至连资产阶级君主立宪制的精英主义两党制民主也暂时被动摇。这一动荡与欧洲政治变革有一定的关系。德国和意大利的统一促使人们渴望伊比利亚的统一。在一片争议声中，西班牙王室将权力让给葡萄牙女王的丈夫，其条件是逮捕西班牙共和主义者，统一整个半岛。沙尔丹哈是当时葡萄牙驻马德里大使，他看到了西班牙共和主义或西班牙的统一对祖国潜在的颠覆性威胁。即将发生的危机的更引人注目的征兆来自法国，此时法兰西第二帝国即将倒台，随后共产主义临时政府在巴黎成立。而不久之前，美国南北战争期间自由主义的北方击败了保守派的南方。这些不祥之兆足以说服一个保守的老战士重返里斯本，骑马赶到王宫，要求独裁权力以击退社会主义和共和主义蔓延的威胁。然而，真正威胁到葡萄牙人民幸福的是深陷世界经济衰退的泥淖之中。

19 世纪 50 年代，葡萄酒的价格曾经很高，而葡萄牙也已享有繁荣和稳定。19 世纪 60 年代，世界对地中海产品的需求量回落，然而

图 31 现代葡萄牙的软木生产是世界供应量的一半，其原料是栓皮栎树干上剥下的树皮，以前是切成一片片或手工制成软木瓶塞或者家庭日用品出口的。

进口小麦的价格却持续上涨，这样自然使葡萄牙捉襟见肘。经济衰退也影响到纺织工业，1868年城市民众的抗议迫使政府减少税收、削减王室成员的年俸。政客们再次审议经济发展战略，希望可以减少对外部的依赖，尤其是减少对收购了葡萄牙80%出口品的英国的依赖。改革者们认识到，如果要提高生产率，就必须纠正教育严重缺失的现象。他们还允诺将听取工人代言人的意见，甚至将他们吸纳到政府中，前提是他们要放弃最激进的关于扩大政治权利的要求。然而在无产阶级的领导中，那些要求改善产业精英的条件的无产阶级领导与那些寻求广泛工人阶级政治平台的无产阶级领导之间产生了分歧。这样随着经济的回升，资产阶级得以重组，激进派的挑战被延迟了一代人的时间。

1871年后，国会老议员的回归以制造业的增长为标志，因为机器生产已经可与手工生产相媲美。在接下来的6年中，机械进口上升了10倍，直到机械投资达到注册公司资本的三分之一。方特斯·佩雷拉·德·梅洛恢复权力后又开始了狂热的股票投机行为，然而他的对手则担心有影响力的外国资本大肆涌入葡萄牙。外国投资者都投资政府担保的铁路，但葡萄牙投资者们却不得不从事真正的风险投资，他们不断地盯着葡萄酒的价格以估算人们的需求度。有一段时期葡萄酒的价格较高，这是因为法国的葡萄园受到病害的侵袭，葡萄牙酒因此而捕获了新的市场。随着使用廉价和可靠的铁路运输的机会增多，农业收入也有所增长。与此同时，工业生产在"资本主义复兴"的影响下增加了两倍。1851年全葡萄牙的电动机容量单位仅有1 000马力。30年后，装机容量单位已经有9 000马力，棉花产业已扩大到可以使用1 000台织布机，那些制造玻璃、瓷砖和软木家具的小型工厂繁荣起来。葡萄牙工业的规模仍十分有限，但它的发展越来越具有政治重要性。

图 32　1886 年，为纪念葡萄牙 1640 年恢复独立，在里斯本公共花园修建了一座方尖碑，同时建造了一条宽阔的"自由大道"，最终发展成一座以国王爱德华七世命名的公园，并在周边形成高雅的郊区。（摄于 20 世纪 50 年代）

1890年再度爆发危机之前，葡萄牙经历了一段繁荣期，管理阶层和劳工们已经在历次的互相对抗中学到了新的策略。当波尔图烟草业发生罢工时，管理者们解雇了技术工人，并安装了可以由童工操作的简化机器。此产业中四分之一的劳动力是15岁以下儿童，这自然对成年工人改善待遇的要求构成了持续性的威胁。在软木行业中，劳动力的议价权利也同样遭到破坏。英国公司甚至雇佣儿童从事某些危险的任务，比如切割软木瓶塞，孩子们不得不用锋利的刀具每小时切割数百个软木瓶塞。女性劳工也被用来压低男性工资，里斯本的烟草工会拒绝妇女入会，因为她们经常接受短班工作，而工会正试图建立保证至少10小时的工作日制度，以保障可以使工人过活的工资。于是罢工和街头示威成为1890年危机的核心。此外，这场危机还与葡萄酒出口的下降、巴西奴隶制的废除、非洲刚果和赞比西河流域交易区的丧失以及布拉干萨王室在南美的分支被革命推翻有关。

1890年大危机在政治家中引起了争论，他们认为葡萄牙最好的战略应该是摆脱不发达和经济依赖的束缚，此后这一争论继续在历史学家之间进行。

而人们普遍的看法是：葡萄牙在英国统治下损失严重。这个争论由葡萄牙维多利亚时代杰出知识分子中的卓越小说家——埃萨·德·盖罗斯最简洁有力地表达出来。他说："所有的一切：法律、思想、哲学、辩论的主题、审美价值、科学、风格、工业、时尚、礼仪、笑话都是引进的，一切都是通过邮船上的小箱子到达我们这里的。"显然，他的表述有些夸大，与英国甚至与前工业化的法国和德国相比，19世纪的葡萄牙仍缺乏投资和基础设施，但与其他欧洲国家没有本质上的不同，而且复兴时代的政治家已经实施了一套有力的现代化方案。然而到1890年，葡萄牙已经开始落后，到1913年，以欧洲经济标准来看，葡萄牙的发展显著滞后，但以世界标准来看则不然。

关于葡萄牙的落后，广为接受的解释是未能建立足够的关税壁垒以保护本国工业的雏形，相反却屈服于英国的压力，继续为其提供原材料、购买制成品。葡萄牙经济第二个结构性的缺陷被认为是南方的大地产和北方的小块土地模式都无法为农业现代化作贡献。但现代化进程缓慢的更大原因是教育的停滞不前，即使扫除了旧制度也不足以改正这一弊端。在财政方面，上层资产阶级仍然不合时宜地与贵族绑在一起，他们更愿意投资土地、建筑物以及追求贵族头衔。正如第三世界的大部分的中下阶层通过公职薪水而不是小规模生产型创业来保障生计。另一个限制是个老问题——政府的收入与海关进出口税相联系。因此，财政上的惰性容忍了资产阶级贸易商施加的影响，也没有致力发展需要新税收制度的自力更生的经济民族主义。还有一个事实使葡萄牙经济问题更加严重：在占经济主体的农业中，贫瘠的土地和

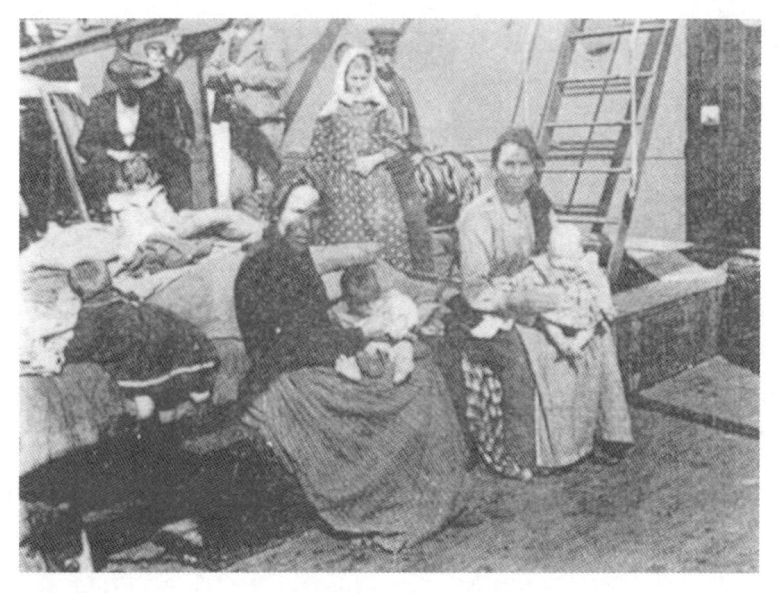

图33　19世纪中叶至20世纪30年代初的世界经济衰退期间，移民是葡萄牙工人阶级生活的一大主题。这些妇女和儿童正在前往巴西的途中。

单一的气候使农民难以在"氮革命"中得到充分的好处,而这场革命正在改变北欧的农业生产,即便那里都是小块田地,且缺乏地主。

关于葡萄牙的不发达,修订后的观点指出,政府确实采取了与欧洲和美国相同程度的保护性关税政策。还指出,葡萄牙与许多同类国家相比,国际贸易的水平较低,仅占国民生产总值的7%,而其他国家的比例却是其两倍。虽然葡萄牙市场太小,在很多生产领域无法形成规模经济,但认为进口替代将作为一个小国理想工业形式的想法却顽强地保留下来。例如,整个葡萄牙的机器及零件市场比英国伊普斯威奇单单一家工程公司的业务量还要少,而葡萄牙每年4万吨的钢消耗量还不及英国一家钢厂的产量。更令人惊奇的是葡萄牙人均棉纺织品的消费量仅为欧洲的一半,他们仅花费1%的国民收入来购买棉纺织品,因此纺织品业不是工业增长的基础,也不会造成外汇的严重流失。财富可能更多地产生于专业化地方产业,这些行业忽略了很多机会,如软木业,有90%以上的出口依旧是未加工产品。还有沙丁鱼业,本可制成罐头,这样就可以与北欧非常有利可图的高蛋白乳制品和肉类行业竞争。然而,占主导地位并导致政府起伏的经济部门仍然是葡萄酒行业。

从理论上讲,葡萄酒产量本该能刺激一系列本地产业的发展。现代化的葡萄园,造就了一系列的当地市场——犁、喷雾器、桶、修剪剪刀,同时也提高了铁路的业务量。葡萄的收入是小麦的3倍,因此可以作为自给自足经济的补充或者作为庄园作物进行种植。从理论上讲,将全国产量翻倍可提高政府的出口收入,满足占主导地位的商人阶层的利润要求。但在19世纪末,国际葡萄酒贸易趋于停滞,每年只有3%的增长,与此同时,在其他国家,农业商品的增长速度是它的2至3倍。葡萄牙佐餐酒的质量仍然不稳定,并且没有强化酒所被要求执行的质量控制。里斯本葡萄酒的酒精含量高于习惯于法国和意大利葡萄酒的市场所偏好的水平。对19世纪所有的葡萄牙农民来说，最糟糕的是他们没有受到应有的技能培训以便合作引进新技术以改善生产，也无法培养出胜任的合作管理者来改善营销、改变农村经济的落后面貌。1890年，在葡萄酒产业停滞开始的同时，更加直接的危机开始困扰葡萄牙。

农业发展失败的主要后果是人们逃离了土地。受过一定教育的经济难民在里斯本和波尔图获得了白领的工作，这两个城市在资产阶级君主立宪制的政体下扩大了两倍。然而，在合法或偷渡的方式下，多达10倍的人被迫离开了这个国家，乘船前往巴西。葡萄牙组织起"白奴交易"，其代理人贿赂移民官员、船长以及领事签证的办事员。有一条200吨位的小帆船被截获时，密密麻麻地塞了428名跨大西洋移民，而这些移民的旅途生活条件并不比那些从非洲走私的黑人奴隶好。1888年巴西废除了奴隶制，因此就加紧了在葡萄牙招工，直至每年有2.5万人正式移民，偷渡的人数更多，使农忙时人手不足的农民相当为难。政府对制止劳动力流失的态度也很暧昧，因为移民将储蓄寄回在葡萄牙的家庭，且数额巨大，保证了国家有偿还债务的能力。允许继续移民唯一有吸引力的替代方案即是在非洲建立一个新的帝国。

该殖民地的意义一直是19世纪葡萄牙辩论的一大主题，一些历史学家们将其视为民族渴望下造就的不符合经济利益的产物，其余的则认为它是补偿失去巴西后的部分经济损失的新动力。在非洲，古老的葡萄牙血脉幸存下来，这在很大程度上得益于克里奥尔语社群，他们大多为非裔，但信奉葡萄牙文化。最突出和有影响力的克里奥尔人居住在佛得角群岛和圣多美，而在那儿混杂土语的葡萄牙语已经发展成书面文字及口头文学。在莫桑比克，克里奥尔人曾长期与印度保持联系，并吸引了有着巨大商业影响力的亚裔社区。在安哥拉，克里奥尔的黑人社区讲葡萄牙语，信奉天主教，接受民法，配备了基本的殖民政府，设立了殖民地军队，并认可了布拉干萨王朝的主权。克里奥尔商人也贩卖奴隶，起初是正式的，但后来是打着"合同工人"的幌子，为圣多美海岸规模很小但利润颇丰的咖啡和可可种植业提供劳力。当自由党废除了王室在非洲的贸易垄断，克里奥尔人和移民罪犯又开始了象牙贸易，他们还发现了蜂蜡烛、奥尔奇利亚染料和橡胶这些现成的市场，虽然这些市场利润不够丰厚，但却促进了一个帝国的建立。葡萄牙流动商人则优先发展内河运输、放贷以及亚马孙的橡胶贸易，而不是前往非洲冒险。

1870年经济危机改变了葡萄牙上层对非洲的态度。虽然危机看起来是暂时的，但地中海的葡萄酒、水果与北部的工业以及乳制品之间的贸易平衡对葡萄牙严重不利，因而寻求新的海外财富具有紧迫性。自由主义的贵族们会聚于他们维多利亚式的、富丽堂皇的新地理学会，听取非洲探险家的冒险，追忆过去征服者的辉煌，并且计划在热带地区开拓新机遇。到1880年，从殖民地输入橡胶和象牙这些得到广泛宣传的有形进口超过了从巴西进口的棉花、蔗糖和皮革，但来自南美移民的无形汇款使巴西在经济上比非洲帝国更为重要，这种状况一直持续到1930年的大萧条。奎宁使非洲的疫病比过去大为减少，然而即使奎宁也无法说服文盲移民或精明的商人分享坐在扶手椅上的地理学家所拥有的对非洲的热情。然而，一些政客坚持梦想着建立一个帝国以防再次被西班牙吞并，并视此为一个可行的选择。西班牙可能提供给葡萄牙诸如煤、铁等原材料，以及一个可通过新建的铁路进入的当地出口市场，但是西班牙也可能会鼓动社会不安定分子及老贵族，因此使他们倾向于去探索这个未被证实的非洲方案。

葡萄牙建立横贯非洲大陆帝国的梦想，被拥有相似野心的两个竞争对手——比利时和南非开普殖民地——的两个突然的行动所毁灭。

图34 港口的景象。"瓜分非洲"后，葡萄牙控制了5个殖民地。最大的是安哥拉，开放采矿和种植业，有英国铁路、比利时贸易、本国的蒸汽船以及在洛比托湾新建的深水港。

比利时国王利奥波德二世是王室的萨克斯-科堡表亲，这个王室家族成功地获得了对从刚果至扎伊尔腹地的控制，此腹地是葡萄牙西海岸的贸易工厂。在一场精心准备、突如其来的外交攻势下，他使自己确保拥有100万平方英里的象牙狩猎、橡胶采集区以及获得了加丹加省

第五章　资产阶级君主立宪制和共和党　　135

古老且含铜量极高的铜矿。通过获取扎伊尔河的北部河口卡宾达海湾的领土利益，葡萄牙守住了一部分民族自尊心，然而，仅仅60年后，在一次近海钻探中发现了石油，这里便成为所有葡萄牙殖民地中最富有的地方。剥夺葡萄牙在非洲的矿物资源和市场的第二次外交突袭发生在半自治的英国开普殖民地，在那里强硬的钻石大亨罗德斯依靠英国的帮助觊觎赞比西河流域。他精明地利用了利文斯通的福音传教活动的崇拜者在英国煽起殖民侵略主义，并且迫使首相索尔兹伯里去要求葡萄牙撤出内陆的莫桑比克。

令罗德斯失望的是，葡萄牙能够保留后来为他的矿产和种植园提供通道的沿海港口，但是这幅玫瑰色的地图，以及葡萄牙皇家哈里贝铁路公司的计划，不得不被搁置。

虽然规模有限，但19世纪90年代的非洲帝国仍有待探索和征服。在莫桑比克，战争残酷且短暂，随后葡萄牙将大部分领土的实际

图35　这幅世纪之交的漫画展现的是一位老人携带着卡蒙斯的帝国诗集，周围陪伴着来自中国、印度尼西亚、莫桑比克和安哥拉殖民地的"女儿们"以及流露出美慕目光的英国、德国追求者，他们焦急地想瓜分葡萄牙在海外的财产。

行政权交给外国公司,这些外国公司获得各种不受监督的权力,如征收人头税、征召移民男工、强迫妇女为私营企业种植水稻和棉花作物。其中一家公司保留其行政责任直至 1940 年,凶残掠夺所造成的后果长期弥留不去;而另一家公司获得了征召南非矿工的区域垄断权,并一直持续整个殖民时期。在安哥拉,葡萄牙也采取了类似于奴隶制的政策来建设道路和种植咖啡。但贩卖契约工人的做法十分不人道,在君主政体最后几年中遭到了国际社会的谴责,1910 年的人道主义批判和 1890 年的帝国损失表明,帝国是一个有争议的形象,这对葡萄牙共和主义的崛起发挥了重要作用。

两个"帝国的"因素加速了葡萄牙走向共和。1889 年,巴西提供了一种革命模式,推翻了布拉干萨王室在美洲的分支,并建立了共和国。次年,波尔图爆发了反英暴动,也动摇了欧洲布拉干萨王室的王位。虽然 1890 年的暴动名义上与中非的损失有关,但实际上是经济萧条和附庸小国的无能的双重压榨下长期酝酿的结果。复兴时期的旧统治者们如果想在革命压力下,尤其是要求亲英王室下台的压力下保持先机,就需要快速改革政治特权。19 世纪 90 年代,随着工业无产阶级队伍的扩大,共和主义的压力也在持续增长。共和党人与早期社会主义者是间歇性的盟友,都要寻求无自治权的城市中大多数人的支持。更危险的是,共和主义开始在军队扎根,而军队照惯例应效忠于王室的总司令。正是低级军官触发了 1910 年政变,并宣告了共和国的来临。但是,由于中产阶级知识分子和律师就像 1820 年革命中那样站出来掌控局势,工人阶级的影响力很快就被盖过。

在整个 19 世纪,共和主义是葡萄牙政治思想不变的主线,但王室的宪章足够灵活,满足了保守派的同时又将雅各宾主义拒于门外。共和理想已由 1836 年 9 月的激进分子和 1846 年波尔图起义者提出,但 1851 年之后,结束革命的妥协和阶级联盟给葡萄牙带来了近半个

第五章 资产阶级君主立宪制和共和党 137

图 36 1889 年，卡洛斯一世登上王位，并在里斯本市政大厅受到拥戴，如上方同时代版画所示。18 年后，他被暗杀于一条相邻的街道。

图 37　1880 年，共和党在诗人卡蒙伊斯逝世 300 周年纪念时把他奉为本派的爱国主义英雄，将一场针对君主主义者的游行化为己用。

世纪的维多利亚时代的稳定，此后职业医生、教师和国家公务员则开始发起一场共和运动。那时，他们要面对来自共和派其他群体的政治对立，包括机械操作员、收银员和菜农。尽管议会贵族给共和主义和社会主义贴上颠覆性的标签，但在实践中，他们间的竞争意识使共识很难达成，也使社会主义劳动者和共和派小资产阶级之间的鸿沟难以弥合。

共和党在智识民族主义领域获得了第一次政治上的成功，而不是在社会改革领域。他们抓住了一次机会，在1880年举办纪念诗人卡蒙斯300周年诞辰的活动，他是葡萄牙最有爱国心的诗人。在教授和将军的支持下，他们受到了尊敬，赢得了其在议会的第一个席位，创办了一份全国性报纸——《劳动报》，并由一位杰出的共济会成员埃利亚斯·加西亚任报纸的编辑。

共和党还获得另一个机会，在1890年英国下发最后通牒所引发的暴乱中展现了自己的领导力。然而暴力抗议逐渐升级并超出了稳健派领导的控制，最终于1891年升级成波尔图的共和主义动乱。君主派的政客们获得了反击的机会，粉碎了起义，并建立了严格的新闻审查制度来抑制公众对未来的展望。政府的反对者被指控为无政府主义者，因此被流放到殖民地，同时国王由重组的刺刀警卫团守卫。议会选区的划分被操控，以减少城市的权力，到1901年，知识分子组成的老共和党被排挤出国会，很快就自行解体。然而仅仅8年后，葡萄牙君主制出人意料地倒台，政客们争先恐后地继承了共和的衣钵。他们忽略了这一事实——尽管中产阶级被封为在省里拥有议席的新地主贵族，但是葡萄牙权力仍牢牢扎根在城市，尤其是政治影响力不断增长和变化的首都。

1910年的共和党革命即是里斯本革命。全国一半的教师、医生和会计师住在里斯本，同时还有很多的裁缝、化学家和煤炭商人。30%的工业雇员在里斯本或其附近工作，因为在这里他们的工资是农场工人的10倍。这座城市有688家理发店，还有几乎同样多的妓院，以及无数的酒馆，完全由男性构成的政治文化在这些酒馆里活跃着，成为报纸的素材，而报纸读者也更多，因为里斯本男性的识字率是波尔图的两倍，是其他省份的4倍。散布谣言的小资产阶级成员每天都感到自己的地位和经验被羞辱，因为他们要对教士、政治家和雇主卑躬屈膝。里斯本的拉丁街头文化变得越来越不稳定，甚至比波尔图更容易爆发示威游行。虽然在城外没文化的村民几乎不了解君主制，甚至对在军事阴谋的驱动下即将发生的君主制崩溃也一无所知，但是在河对岸的整个工业区，工人的数量和战斗性都增加了。

推翻君主制和成立共和的发起者是下级军官，他们属于一个19世纪从意大利传入的秘密结社。他们没有像上层共济会成员那样借用大教堂的象征性符号，而是使用林木和烧炭的语言，自称为"烧炭党"。入会者需要蒙眼起誓推翻暴君，并只服从该组织下达的命令。他们都对教堂存有敌意，加强了共和主义者中反教会的骨干力量。领导人的阶级出身都十分卑微，但也有一些可能属于上层社会。有人甚至认为，曾在某个持异见的共济会担任大师的堂吉诃德式人物——沙尔丹哈公爵——后来可能加入了某个烧炭党的分部，为他波澜壮阔的人生又添上了一笔。在君主政体的最后时期入狱的400多名烧炭党成员中，大多数人是工厂的工人，只有零星的新闻记者、公务员和军人。他们在军队中的活动受到无政府主义支持者的限制，这些人渴望摆脱国王的专制，但同样渴望摆脱上级军官的专制。相反，海军是共和主义一个重要的来源，当不可征服者号船在1910年10月4日发出革命的信号，烧炭党成员表现得十分活跃。

葡萄牙是继法国和瑞士之后，欧洲第三个宣布建立持久共和政府的国家。它的形式是法国式的，但共和党必须确定英国的自由党政府不来干预政事以恢复布拉干萨王室的统治，也不会允许西班牙这样做。当英国外交部认为革命是非常有序的，而不会造成干扰时，他们感到非常的放心。另一方面，共和党领导人被整个事件发展的速度搞得措手不及。葡萄牙国王在与来访的巴西总统一起吃过饭之后就回家

第五章 资产阶级君主立宪制和共和党　141

图 38　1910 年的革命，武装的共和党人在街道上设置了路障，但仍注意保护私有财产。

打桥牌了。得知革命消息后，牌局被迫中止，他匆忙离开宫殿，从一个偏僻的海滩乘船到英国。与此同时，城市中两个已经被烧炭党渗透的兵团逮捕了他们熟睡中的军官，并将武器发放给军营外缺乏热情的暴民。共和党的政客上街一看，才发现他们始料未及地接管了一场革命，于是下令进行街道巡逻，保护财产并抑制任何无政府主义的迹象。里斯本平安地变换了统治者，葡萄牙其他地区则接受电报指示降下了君主的旗帜，升起共和大旗。各省都缺乏热情，但并没有抵抗。军队没有试图挽救其国王，不加反抗地任其离开，尽管国王经常设宴款待军人，但是这并没有提高他在军队中的个人魅力和声望。有一份工会报纸几乎没有提到这件事。

虽然共和是下层中产阶级创造的产物，但是它立即被上层中产阶级所接管，而这些中上阶层将革命"反教权主义"的口号作为团结城市的口号。知识分子们指定一个最有声望的成员——特奥菲洛·布拉加作为总统，而共和党最伟大的领导人是阿方索·科斯塔，他却被任命为临时政府的司法部长。他是曾任教于科英布拉的一名律师，并在里斯本创立了法律学院。1891年，不成熟的共和主义思想促使他在波尔图参加未遂的起义，1905年，他宣誓加入共济会，1908年他成为一名国会议员。就任后，对自由的理想促使他削减宗教特权，禁止在教堂外穿神职服装，第二次解散修道院，实行政教分离，受理离婚以及适度承认妇女和儿童的权利。接下来他接管了财政部，改革了货币，减少了公共债务，并创建了一所著名的商业大学。然而即使他出任首相，也无法凭危机束缚下的经济资源实现无产阶级因共产主义思想而觉醒的巨大期望。在外交政策上，他赞成与英国保持密切的联系，而这却使他的声望处于危险之中。他认为，只有英国可以在德国虎视眈眈的情况下，保护葡萄牙在非洲的殖民地，即使要付出的代价是1917年派往法国的远征军。参战这一经济和政治上毁灭性的决定导致了政府的垮台，但他个人保留了崇高的地位，被派往凡尔赛出席和平大会，后前往日内瓦，并最终当选国联主席。

随着法西斯在葡萄牙影响的提高，他被迫流亡，并被教会的迫害者谩骂，但另一些人崇拜他，视他为打破葡萄牙老旧体制的启蒙领袖。

与阿方索·科斯塔的民主共和制形成最明显的对比的是西多尼奥·派斯的军事独裁。西多尼奥·派斯在共和国历史中所起的作用是短暂的，因为在建立普鲁士风格的政权后不到一年他就被暗杀了。然而从长远来看，在 20 世纪葡萄牙历史中打下印记的不是 1910 年至 1926 年的共和时代所采纳的开明路线，而是他的独裁方针。作为一名成熟的独裁者，西多尼奥·派斯并非没有先例。在君主制的最后几年中，葡萄牙已经推翻过一名独裁者，而后来的独裁统治者可以以他为参照。1907 年，卡洛斯国王越过议会自己任命总理。具有讽刺意味的是，此时国王受到英国风向变化的影响（英国通过受控的社会改革避免了革命），采纳了自由主义的方针。国会议员们被激怒了，他们的抗议招来王室的镇压。卡洛斯国王任命的总理不但没有以新的社会正义创建一个改革的民主政权，相反却在葡萄牙创立了第一个现代的独裁政权。其结果自然是共和党的暴力活动不断增加，而首先受害的是卡洛斯国王自己，他与其长子在 1908 年被暗杀。

10 年后，西多尼奥·派斯的独裁政权已经失去了 1917 年推翻阿方索·科斯塔政权时的自由主义初衷。西多尼奥·派斯是前共济会会员但却迫害同伴，是前共和党部长却藐视共和国，是前数学讲师却受军队生活的诱惑，也是德国战时的葡萄牙前驻德大使。在普鲁士长期的生活形成了他的从政风格，因此当他从柏林返回后，单方面地任命自己为共和国总统。他的政变得到了那些痛恨英国要求者的支持（英国要求葡萄牙没收德国在里斯本的舰队，并派 5.5 万人去法国的战壕里战斗和送死)。西多尼奥·派斯赢得了君主主义者、主教、地主、工业家的支持,君主主义者希望他能召回流亡国外的年轻国王曼努埃尔二世,主教希望他能恢复教会的特权,地主们希望他能恢复财富分配的不公,工业家们则希望他能够抑制工会,虽然工会反对战争并曾帮助他获得认可。然而西多尼奥·派斯却不能调和各方矛盾的政治要求,当他面临粮食短缺所引发的暴动时,他通过流血的方式来镇压并强行执行更独裁的政策。当他在去波尔图应对君主主义者叛乱的途中遇刺后,他关于总统制的尝试即宣告结束。

西多尼奥·派斯短暂的专政并不是共和制的典型。共和制的决定性标志是民主而非纪律,也将 1820 年至 1851 年革命和 1851 年至 1910 年资产阶级君主政体的改革成果延续到第三阶段。然而经过一个世纪的温和自由主义后,不平等的压迫仍然普遍存在,而共和国怀着其中产阶级式的谨慎,试图继续慢慢削除特权。正是因为他们的成功而非失败,保守派才重新组织起来。共和党以冷酷的现实主义方针面对战后金融危机,因此不得人心,但到 20 世纪 20 年代中期已经把经济放到一个相对稳定的基础上。但是,节省预算的做法不利于狂妄自大的军队高官,他们策划了一场针对平民政治家的诋毁运动,此运动最终为 1926 年爆发的极度倾向天主教的布拉加市的军事政变铺平了道路。然而共和国真正的败笔并不是忽视军队或迫害教会,而是它没有认识到里斯本不等同于葡萄牙,人民的幸福依靠的是土地关系的更新,而非依赖城市各阶级琐碎的争论。土地关系的一成不变、生产的停滞、大庄园和零散小块土地构成的浪费都导致了大量人口移民海外这一现象的持续乃至恶化。这些移民是不幸且不识字的农场工人,他们的生活条件只比开始进入国际劳工市场的中国"苦力"好一些。

共和国时,尽管有空前的移民水平,1918 年大流感时有 6 万人丧生，并有1万壮丁在第一次世界大战时死亡或受伤，葡萄牙人口仍不断增加。人口增长意味着小麦的问题继续成为政治议程的主导。在君主制最后几年中的保护主义立法，包括1899年"饥荒法"在内，并没有将国内小麦价格提高到足以刺激本国小麦自给自足的程度，尽管之前已经广泛引入一些新的耕作方法并引进了一些蒸汽脱粒机。当政治家们争论为城市无产阶级购买国外廉价小麦的好处时，战争爆发，破坏了航运并带来了痛苦的面包骚乱。战后，政治家虽然希望通过补贴面粉厂以使社会平静，但小麦产量依然未能增加，因此粮食短缺的情况未能消除。许多南部地主继续在远离里斯本的地方生活，对农场现代化兴趣不大。1925年，社会主义者提议将土地控制权交给那些耕种者，这得到了共产主义者和无政府主义者的支持。但是这种激进主义超越了时代，最终因1926年的政变被延后了50年。

虽然共和国忽视农业，并坐视葡萄牙劳动力向国外流失而不是为城市注入活力，但确实给城市支持者带来显著的变化。尽管当时的拉丁文化是大男子主义，妇女的地位也得到了改进，同时，通过社会主义者的活动，有工资收入的人能够享受8小时工作制，比欧洲其他国家早了几年。思想自由取代了教士的道德限制和政治的审查，教育机会略有增加，使文盲率有所减少。人们对最后一个君主政体的遗产——非洲帝国进行了大量思考。在非洲，共和国为下层中产阶级的支持者创造了数千个就业机会，让他们担任政府小职员，因为他们得不到在国内可以找到的付薪职务。外来客涌进殖民地，寻找闲差而不是带来技术和资金。他们与旧的克里奥尔官僚进行直接的对抗，以种族为借口要求获得他们的工作。在殖民地问题上，共和国远谈不上自由，其最大的殖民总督——诺顿·德·马托斯，继续在安哥拉建立新奴隶制度，以此作为替将来的殖民地投资者建设经济基础设施和提供廉价劳动力的手段。

图 39 共和时期的里斯本理发店创造了一种被长期保留的典型装饰风格。

葡萄牙共和党同几年后的英国第一届工党政府一样，其财政政策都是非常保守的。革命的街头领袖的照片带有无意识的讽刺色彩，把他们刻画成一无所有的暴民，在为有产阶级保护其银行中的财产不被歹徒抢走。共和党寻求受人尊敬的社会地位以及偏向于凯恩斯主义的预算平衡时，对保守价值的捍卫进一步深化。最初，新的政客们对货币贬值和扩大国债心存顾忌，但战争给他们施加了极大压力。共和党的货币管理人员运气不佳，遭遇了现代最大的金融诈骗。声誉极佳的英国华德路公司上了骗子的当，印制大量葡萄牙纸币，但政府却没有授权，从而不可逆转地破坏了人们对货币的信心，导致储蓄和投资外流以求避难。当时，共和国感到国家储备已低到令人不安的程度。那些最担心金融状况的并不是从战争中获利的投机者，而是那些固定收入者，因为他们微薄的收入被通货紧缩和通货膨胀所蚕食。他们成了右翼活动家们高产的新兵征召基地，而那些右翼活动家在研究兴起中的法西斯主义。小职员们的工作由共和国创造，但后来他们的薪金没有跟上物价，所以他们随时欢迎压制里斯本无产阶级（在共和国下规模翻了一番，同时正在培育共产党）的政策。

宗教是共和国主要关注的问题。教会在19世纪30年代已被严重迫害，但在第一次梵蒂冈会议后的19世纪70年代又获得了新生。随着对新圣徒、新宗教组织和自由思想家的新迫害，葡萄牙又恢复了宗教上的不容异己。修道院再次合法化，甚至耶稣会都恢复了他们对保守精英和虔诚王室的教育的控制。共和党对教权主义的反击不仅导致了宗教秩序的第二次解散，而且使许多教区教士退休，这些教士在先前对教堂的攻击中还能幸免。1905年法国率先政教分离后，1911年，葡萄牙政府也正式与教会分离，同时设立了民事婚姻制度。对此进行抗议的主教再次被放逐，同梵蒂冈的关系再次严重受损，但忠诚的信徒，尤其是北部农村，仍继续公然参加弥撒。对教会高强度的对抗部分是来自传统的葡萄牙共济会的反对教权主义。共和国时期，百来个共济会分会招收了4 000名社会精英，其中包括大部分前任总理。对抗教会因葡萄牙加入第一次世界大战而缓和，战争使政界人士认识到有组织的宗教的价值，甚至使他们允许重开耶稣会。但天主教徒从未完全信任共和国，其中许多人准备毁灭共和。天主教士兵最终于1926年推翻共和国，还取缔了共济会分会，但也遭到部分同僚的抗议。

与19世纪的自由党一样，共和党攻击教会也导致了对公立教育的需求。在君主制下，中学教育的改革是很少的，但在共和国时，教育已延伸至小学教育，开设大规模扫盲班，鼓励发展校外"大学"课程，并举办讲座和辩论会。除此之外，共和国还鼓励出版商为工人编印平装版的文献，并允许散发《资本论》删节本，从而惹怒了右翼社会，尤其是科英布拉大学毕业的右翼，使右翼相信教育有损国家福祉。从教育普及中形成了一个有影响力的政治思想学派，即1921年创立的"新收获"。这一学派支持民主社会主义和国际和平主义，是"葡萄牙原教旨主义"思想的对手，"葡萄牙原教旨主义"反对个人权利、人民主权和经济进步的自由主义概念。"原教旨主义者"甚至拒绝流亡国外的曼纽尔二世的宪政，并提出让米格尔派专制主义者作为空置王位的继承人。"原教旨主义者"也将一些20世纪20年代欧洲反犹太主义思想注入葡萄牙的政治之中。

1926年，共和国宣告结束。在其短暂的历史中，一些反对势力已经发展，旨在占领国家机关，并带领它向不同的方向前进。教堂是其中较为强大的反对势力，但恢复得较慢，其影响力也被新型的民族主义者所害怕，因为他们希望独揽所有的忠诚。下层中产阶级是另一股反对知识分子宏大设想的势力，他们欢迎的是能保住自己微薄的积蓄，并保证其获得优先于劳动群众的白领就业机会的政府。那些曾在1910年革命中遭到下级军官掣肘的军官们急切地希望恢复其影响力，提高他们的地位，哪怕不用恢复现役军事职责。他们有武器，能打响反对共和的第一枪，而且是他们不断破坏和诋毁共和，直到起事时能得到足够的支持以确保成功。

第六章　独裁统治和非洲殖民帝国

20世纪30年代的经济大萧条像影响其他欧洲国家一样也深深地影响了葡萄牙。葡萄牙的对外贸易以两种方式继续着：北上英国换取消费品，南到巴西以侨汇的形式向国内寄回移民的存款。大萧条结束了这个双向依赖的系统，迫使葡萄牙变得更加立足于国内，并在海外寻找新的贸易伙伴。这种国内的变化包含了一种政府规模上的严重紧缩。追求资产阶级君主立宪制和共和制的开明改革被抛弃了，一种新的寡头专制统治占据了优势地位。它削弱工人的权利，限制在教育和服务业上的花费并用不断加强的警察监视来压制不同政见。政治事务越来越受控于一个单一的独裁者——他尽力满足旧军官们的种种愿望，却把他们从政治实践中远远支走。上层中产阶级的天主教平民构成了新一代政治家，他们暗自崇拜法西斯意大利和纳粹德国的纪律政治。同时他们也把目光投向南方，垂涎着那个既能作为其倾销酒和纺织品的封闭市场，又能作为廉价热带糖和棉花来源的非洲殖民帝国，希望能从它身上攫取新的财富。因为第二次世界大战的爆发以及中立国之间海运贸易的进一步削减，战争间歇期因独裁引起的财政紧缩变得更加严重了。到1943年，就像在1917年一样，葡萄牙被迫放弃它的中立态度转而支持英国抗击德国的战争，向大西洋同盟开放它在亚速尔群岛上的军事基地。战后，尽管作为一个非民主国家，葡萄牙起先被排除在联合国之外，但因为其反共产主义的态度，同盟国容忍了葡萄牙独裁统治的继续。强硬的政府阻止了一场像战后希腊那样的内战，但是并没有像战后复兴的意大利那样引进投资和工业。到 60 年代，非洲殖民帝国活力的恢复和欧洲经济的奇迹为葡萄牙移民工人创造了巨大的市场，引发了剧烈的社会变革。直到 1974 年，寡头统治阶层仍表现出足够的灵活性来驾驭这些变革，但那之后，工业家和军队都想强行加快现代化的速度了。在一场不流血的军事政变之后，一个短暂存在的军事政权抛弃了已经陷入困境的帝国，使葡萄牙转向面对欧洲共同市场。民主派政治家重新担起了他们曾在 1926 年失去的责任。

经济大萧条时期，葡萄牙战争间歇的历史与它总理的意识形态关联得如此密切，以至于历史学家无法避免地要用一种人物传记的方式来回溯这段历史。安东尼奥·萨拉查是一个农场经理的儿子，他雄心勃勃的母亲把他送到神学院去接受可能得到的最好的教育。然而，尽管他以"安东尼奥"神父的身份回到了村里，萨拉查通向牧师的道路并不平坦，只立过一些小职位的就职誓约。他学习法律似乎更为成功，1917 他开始了在科英布拉大学的执教生涯。他是一个爱挑剔的年轻人，据一些人说，他对女人和香槟有一种特殊的喜好，但他也总是担忧，觉得与他城市朋友出入高档餐厅对他农村家庭的收入来说是一个很大的压力。他极其小心节俭地进行着小笔投资，在村子里买了一些土地，和一位神父一块住在一间不大的宿舍里，这位神父后来成为里斯本枢机主教圣·曼努埃尔·赛雷耶拉。萨拉查后来加入了天主教保守党，为出版社撰写有关国家账目的文章。在 1921 年，他成功入主议会，但是他只在他的位置上待了一天。他对里斯本的政治家们采取一种漠然的态度，而更倾向于团结科英布拉那些傲慢的精英。通过象牙塔的经历，他为自己打造了一份对财政无所不知的神秘形象。

他嘲笑共和党人的无能，并且瓦解那些在 1926 年取代共和党人的将军们在经济上的自信心。当他们寻求他的建议时，他却躲得远远

图40 萨拉查利用20年代的报刊宣传自己在金融上绝对正确的光环,并且与军队和教会结成同盟,他以总理身份从1932年至1968年一直实行着统治。

的。当了几天财政部长后,他拒绝了这一任命,而且言论变得更加不可一世。他最终说服军方相信他并且只有他才能管理好国家的财政。在1928年,他出任财政部长的条件就是对其他各部完全的财政控制。一旦掌权,他就在那位置上待了40年,偶尔也会吓唬那些将军,威胁说要辞职,接着继续不闻不问。40年中,他成功躲过了由军队少壮派策划的十多次阴谋和计划的政变。

这个由萨拉查创立的被他称为"新国家"的政权和意大利的墨索里尼政权以及西班牙的普里莫·德·里韦拉政权是同一时期的,共同被他们的反对者描述成一个法西斯主义政府系统。然而,如此随意地使用"法西斯"这个词不能体现30年代葡萄牙政权的具体特征以及它在内容及类型上与西地中海地区其他独裁政权的对立。两者的共同点是对多元自由民主的普遍厌恶和对反对者的暴力镇压，这些共同点掩盖了双方意识形态上的不同，而最为重要的是，掩盖了葡萄牙缺乏大众党派、煽动家、无法号召民众攻击"公敌"的事实。甚至在他执政的早年，萨拉查也不愿把里斯本的群众召集到大街上。即便当他这么做了，他的演讲与那些他在其他国家富有魅力的同行一比仍旧显得是那么笨拙。与其被曝光，他宁可隐于幕后，而他的宣传机器则把他打造为一位圣明的修士般的父亲、一位国家的拯救者。他手握十字军长剑出现在海报上，或者作为国家解放英雄——布拉干萨若昂四世的爱国继承者被写进了历史书。对异己的暴力镇压由受过训练的警探谨慎地执行，而不是由纳粹一类的暴徒执行，然而与法西斯主义的相同点还是显而易见。尽管在共和国无神论下，萨拉查大肆宣扬自己的基督教道德，他还是为持不同政见者和被强制劳动的失业者建立起集中营。法国批判观察家雅克·若热尔，把萨拉查视为小资产阶级独裁者而不是真正的法西斯主义者。

> 葡萄牙政权不能因为它的极权主义、警察制度、社团体制、反民主、反议会、反集产主义和蔑视并意欲从肉体上消灭反对者而被贴上法西斯主义标签。这是一种剥夺了所有法西斯属性的法西斯主义，有一点滑稽地被一个在孤独中生活了40年、一旦见人就难受、权力欲极强的男人小气地把持着。这个人声称自己是为了一项特殊使命而被命运选择的，这是一个在谦恭外表后有着热烈骄傲的男人，这是一个希望通过他的人民的欢乐这一完全特质化的概念来证明他的天才的男人，这是一个，总的来说，把他的国家和人民带向毁灭的男人。
>
> 引自雅克·若热尔：《萨拉查：历史和总结 1926－1974》
> （巴黎，1981）第 302 页

需要面对的问题是，一个明显孤立的天主教会计学讲师到底是如何无视所有关于现代化和发展的经济理论，在大萧条中攫取权力并且将其维持到第二次世界大战及战后那么多年。为了获得答案，就要分析他玩弄军队、城市中产阶级、拥护君主制者和教会各派利益的娴熟技巧。通过政府宣传所灌输的伟大理想就是爱国主义、家长制和谨慎节俭。爱国主义代表着一种对共和制及其所有价值的拒斥，它代表着一种对葡萄牙要在非洲殖民地成为"列强"之一的新热情。家长制包含着一种对当局和它所有机构甚至那些恢复的天主教堂的绝对和毫无疑问的尊敬。谨慎节俭要求工人和农民把节俭和坚毅作为一种美德，但这一点却不适用于那些吃得很好、睡得很晚的有闲阶级。像这样的方针确实让大多数把萨拉查推向权力宝座的军官感到非常满意，尽管他们的共济会兄弟并不开心——他们的另一个反天主教阶层被抑制了。这项方针也赋予萨拉查以权力，可以从根本上解决使经济锐减的地中海出口贸易中的严重萧条，即使这么做会带来痛苦。当农村就业减少的时候，社会控制的铁腕维持着社会秩序。饥荒来袭，结核蔓延，生产和婴儿死亡率不断攀升，移民也被禁止了，但是政府还是决定不动用公共资金来提供福利和医疗设施。

在传统教会高层的协助下，社会绝望地接受了一种与温带欧洲相比更接近于热带非洲标准的贫困。因为教会希望在一位强有力的天主教政治家领导下重新获得所有原来的权威，但政治家们却决心确保政府的首要地位，所以独裁政权与教会之间的关系非常复杂。双方同意需要让穷人保持顺从和安静，并联手推动法蒂玛秘宗的发展，该秘宗兴起于共和党迫害时期。伴随着这个神话的形成，它逐渐表现为一种神秘化的末世宗教，儿童是被选中的圣母玛利亚的使者，教皇则是神秘信息的保护者。恐惧像涟漪般在迷信的人中传播开来，朝圣者开始了他们朝拜法蒂玛的圣途，他们有的步行，有的甚至用膝盖爬着走。

教会鼓励这种歇斯底里的宗教活动形式，即使这有损于更加周全明智的崇拜形式，而且国家还把法蒂玛视为国家神祇，并建了一座巨大的教堂。在西班牙内战期间，法蒂玛的神谕染上强烈的反共色彩，并且在"法蒂玛，我们的宗教；法多①歌谣，我们的乡愁；足球，葡萄牙的光荣"的口号下，被并入独裁者的一整套政治符号。在50年代，法蒂玛成了世界上一些最反动的政治家的聚集地，在60年代，萨拉查在那里欢迎教皇，获得了极大的满足，这让全世界的自由派天主教徒异常失望。国家和教会之间的利益并不完全一致，在1932年萨拉查颁布独裁宪法的时候，他出其不意地把自己的天主教政党也和其他政治运动一起取缔了，使主教们大为吃惊。他这种不顾情面的行为甚至殃及了枢机主教，那个当年和他一起合租公寓的人，也被勒令保持距离以此来确保他政治上的最高权威。当与梵蒂冈的关系在1940年通过协定得以修复时，政教分离算是正式保全了。

　　萨拉查对君主制主义者的态度同样非常谨慎，因为他既需要他们的支持，又不想让度太多的影响力给他们。然而当被放逐的国王在1932年死去时，他不失时机地巩固了自己的地位，把自己从财政和殖民部长提升为内阁总理。如此一来，他便把自己从残留的军方控制中解放出来。那些军方势力迄今为止凌驾于政府之上，即使他非常小心地密切关注，尽力满足那些之前让他掌权的军官们的社会和财政欲求，他们手中还握有武力，一旦忽视了他们的自尊心，他们便能把萨拉查赶下台。

　　当神父、君主制支持者和士兵精明地加入支持萨拉查统治的精英阶层时，不识字的大众获取教育的途径依然被严格限制，这不仅仅是

---

① 一种葡萄牙悲歌，由歌曲和器乐两部分组成，歌声充满悲切、哀怨之情。——译者注

一种货币主义节约政策,也是一种社会控制的形式。名义上,儿童应该被送到学校去学习四年,但实际上,学校通常很远或者难以进入,童工也很难被经营艰难的农场放走。教育是少数人的出路,他们构成支持萨拉查的基石,也倾向于相信所谓"葡萄牙人缺乏主见"的不实宣传。这种对国外的宣传使农民看起来像是美洲的"好黑鬼"或南非的"快乐土著"。这种由狭隘的统治者发布的丑恶、反启蒙的宣传在1936年被贡萨格·德·雷诺尔德所捕捉。

依靠一个就算不是由德国盖世太保训练也与其类似的无孔不入的

图41 通过政治宣传和那些压制任何独立思想的秘密警察的线人的渗透,刻板的性别形象和阶级服从被灌输进萨拉查"贫穷但虔诚"的农民的头脑中。

尽管有诽谤性的反神学共和思想在他们脑海中留下的创伤,但葡萄牙农民还是虔诚信教的,并且还将继续保持这样。另一方面,他们也非常迷信一种从古老异教传下来、有时带点恶魔崇拜的活动。没有太多钱来花的时候,他们也显得很镇静,简单地活着,没有什么欲望。除了一些大地主,农民虽很穷但并不抱怨。就算没有欢乐的气氛,葡萄牙农民也洋溢着一种满足的气氛,这看起来让人非常愉快。他们是极其容易被统治的。

引自雅克·若热尔:《萨拉查:历史和总结 1926—1974》(巴黎,1981)第82页。

政治警察系统，葡萄牙的"无为政府"在30年代成立了。政治警察不是一支庞大的力量，全职雇员的人数最多也就2 000多，但可能有1万名兼职线人扎根于每一个小村庄或者每一个公共机构。它凌驾于法律和政府之上，只向萨拉查本人单独汇报，直到1968年的某一天，他中风发作，那时，正是警察总监，而不是国家总统或者陆军司令，坐在他旁边来决定怎样填补权力真空。有心散播的关于用秘密警察执行刑讯、拘留甚至暗杀的谣言强化了它在国内镇压政治讨论、在殖民地散布恐怖气氛的效力。萨拉查以"一些手铐能让恐怖分子坦白，这样就能拯救无辜生命"的说法为秘密警察正名，但是恐惧也成为他手中一种经过充分打磨的武器，从警察总部门前经过的行人能够听到那些同时遭受粗野残暴的虐待和精心设计的酷刑折磨的犯人们发出的惨叫声。在30年代，葡萄牙并没有以苏联或纳粹的形式屠杀"多余"的人，也没有发生像西班牙那样的屠杀。但是任何对领导人的不忠和对不公平社会秩序的质疑都被当作颠覆企图或共产主义遭到了镇压。对这种高效的政治警察的重要补充要算是严密的审查制度了。任何东西未经仔细而成本高昂的详细检查是不能出版和广播的。任何能引起舆论恐慌或者贬损国家尊严的东西都被从报纸的校样上撤了下来，换成那些被批准的材料。政府报告就好像是社论的复制品，甚至是体育出版也被检查，看看是否缺少必要的爱国夸张。

当德国式的政治警察免除了1926年军队暴动者"清洗"国家"煽动者"的责任时，一种源自共和时期的法国式宪兵被赋予了维护"法律和秩序"的责任。老兵被给予了他们所渴求的地位但是被免除了无法胜任的职责。到1961年才重新获得机会。军官们自负地打扮着自己，在文盲义务兵面前称王称霸，这些文盲义务兵，如愤世嫉俗者所言，更像是路易十四的武装而不像希特勒的军队。然而军官的生活被高明的社会系统周密地控制着，他们只能娶受过学校教育或者拥有个人资产的天主教徒做老婆，以此来保证他们能够和谐地融入占主导地位的有钱而受过教育的精英阶层。军官必须举行教堂婚礼的规定疏远了一些守旧的士兵，包括那位在1916年至1917年间出任战争部长，曾是共和国驻安哥拉高级专员，在非法的共济会担任过总大师的可怕的诺顿·德·马托斯。他是萨拉查最顽强的政治对手，如果天主教派政治家未能维持保守的共识，诺顿·德·马托斯本来有可能成为共济会领导的军事和文职人员利益联盟的焦点。在1948年，诺顿·德·马托斯试图参加总统选举，但是实际上，在严格受限的选举制下，政治自由就是一种骗人的幌子，他最终放弃了这个企图。

葡萄牙的军事化不仅仅限于士兵和警察。还有一支受到严格控制的青年团体，他们穿着贴有字母S的萨拉查制服，接受法学讲师马赛罗·卡埃塔诺的指挥，此人最后继承了萨拉查的职位做了总理。只有那些最有钱、最有特权的年轻人才能逃避这个组织的征召。与青年旅相对应的成人组织是葡萄牙军团，他们穿着绿色的衬衫，被召唤来保卫公共秩序。当政府不得不通过举行"选举"让那些外国观察员相信它的"可敬之处"的时候，葡萄牙军团表现得尤为活跃。即便被允许投票的人受过很好的教育、非常富裕而且对政府怀有感激之心，选举还是可能会导致动荡。虽然废除了政党制度，但葡萄牙军团既不是一个法西斯准军事化组织，也不是一个类似于围绕在萨拉查自己身边的"国家联盟"似的单一政党。但是它给政府以必要的力量来对付那些在政治上没有发言权的全国86％的人口。它也是一种力量，当1936年西班牙民族主义者攻击民主共和国的时候，能被用来向他们展示葡萄牙的团结。

对价格稳定的认同是葡萄牙独裁保持长久的一个关键。通货膨胀曾经伤害过投资者，于是萨拉查决定维持基于过时的金本位的固定汇率，这给投资者提供了某种保障，而在共和国时期是没有的。对民族自豪的强调也有效地扩大了对独裁统治满意的基础。新政府通过大型建筑工程来吹嘘自己的实力。因经济不景气而失业的劳工被打发去建造象征着社会秩序，带有新古典主义装饰外表的公共建筑，以此来最大限度地降低他们对共产主义煽动的关注。缺少业务的建筑师愿意放弃他们的现代主义理念去帮国家塑造自己的形象而不是让自己湮没在专业领域。大量的住宅大楼在首都黄金地段兴建起来，技术大学被搬迁到经过精心设计的新地址。历史纪念碑建造起来了，以此来纪念葡萄牙过去的辉煌和他之前独裁者的伟大力量，尤其是蓬巴尔。最后一个巨大的纪念物是用白色石头建造的位于特茹（Tagus）河口的亨利王子雕塑，以此来纪念国家最英勇的神话祖先——大航海家亨利诞辰周年。

在20世纪30年代，萨拉查掌权殖民事务部，在华尔街崩溃之后，帝国突然具有了比以前大得多的潜在经济重要性。在此之前，巴西一直在葡萄牙海外事务中占据着主要地位：买进出口商品，接收移民，寄回100万出国农民的小额存款。然而在30年代，经济的大门不仅仅对巴西关闭了，对美国也关闭了，而在美国的新英格兰和加利福尼亚，庞大的经济难民社区正在不可扭转地成型。因为葡萄牙与欧洲的贸易（包括英国）也在明显衰退，所以在海外寻找新的人员和货物出路，取代在美洲的非正式帝国突然间成了一件非常紧急的事情。唯一的选择看来只能是非洲，萨拉查开始着手制定一个新的殖民条约。他的目标是要终止由外国主导的特许公司实行的间接殖民并建立起一种对葡萄牙自身更为有利的新经济民族主义。然而，这美好的想法受到现实的阻挠。在南部莫桑比克，葡萄牙与南非再次确认了通过向矿场提供合同工人来换取金子的条约。在中莫桑比克，那些管理着各省，经营着港口、铁路和通向罗得西亚邮政服务的、由英国主导的公司被允许继续保留他们的执照直到1940年期满，但是从那以后，外来主权就要被终止了。在外国影响中表现得比较弱的一个方面是在殖民地提供健康和教育的外国传教士，他们经常被怀疑削弱了殖民地人民应有的爱国忠诚。尽管新教徒传教士对新国家主义表现得非常具有攻击性，但废除他们的权利是不明智的，这些权利得到外交保障，而同样的外交保障在维多利亚时期的非洲大瓜分中带给了葡萄牙非洲帝国的领土。随着萨拉查开始寻找从非洲大陆榨取殖民财富的新方法，实用主义思潮也开始盛行起来。

第一个在殖民地试行的经济动力是在棉花种植领域。经济大萧条切断了移民往葡萄牙的美元汇款，葡萄牙再也不能轻易地购买得起美国的棉花了。它尝试凑合着用殖民地出产的棉花来代替。纺织厂抗议殖民地产的棉花质量低劣，与美国棉花比纤维短，价钱却高。但是无论如何也要购买殖民地产的棉花，以此来作为一种节省外汇、支持新帝国经济发展的方式。非洲的农民也在抗议，说种植棉花比种植国内粮食作物带来了更为低下的生活水平。然而，政府坚持不改，安哥拉和莫桑比克的农场主都被分到了种子，他们被迫亲手在自己的农场种下这些种子，冒着气候条件不确定的风险，而且国家控制的收购机构不太可能为他们的收成支付像样的价钱。通过把棉花种植的风险从白人商业殖民者转移到受统治的黑人农民头上，殖民政府造成了一种尖锐的政治对立。1945 年，饥荒引发了安哥拉棉花地里的动乱。萨拉查和他那时的殖民部长卡耶塔诺调查了起义，报告说，饥荒不过是那些以闲散出名的当地人的凭空想象罢了。殖民地的官员更理解这次危机，但是直到 1961 年下一次棉花种植区饥荒爆发、引燃最终摧毁整个葡萄牙帝国的革命进程之前，当局一直专横地堵住他们的嘴。然而在那发生之前，葡萄牙尝试了很多更为成功的、将财富从非洲转移到欧洲的方法。

直到 1930 年，从葡萄牙去安哥拉的移民中最显眼的是那些罪犯，人们经常看到他们铐着锁链在卢安达城市的大街上除草。尽管非洲人又继续在锁链下工作了 30 年,但萨拉查终结了殖民地属于罪犯的形象,并且鼓励自由民去非洲寻找经济出路。移民们都是些很难对付的、没有文化的人和种族主义分子。他们作为小店主分散到边陲,和他们无力自保的黑人女佣组建起大家庭,以高利贷信誉和烈酒作交换从农户家庭购买玉米和咖啡。最成功的放债人从破产客户购买土地,然后从遥远地区输入被强迫移民的劳力进行耕作。移民的报酬以代币券支付,只能用来交换农场商店里的破衣服和兑水烈酒,而且价格还很贵。当货车或汽油紧缺的时候,收获的农作物就由搬运工用头顶着运到最近的殖民地铁路线上。玉米和来自南大西洋的干鱼被卖到比属刚果的工业带,咖啡被出口到美国,以此来重建里斯本的美元储备。在东海岸,种植公司接管了农民的椰子园,把椰子园主变为付酬劳动者,而那些来自穷乡僻壤的强制移民则被补充去种植剑麻和甘蔗。殖民系统尽管是凑合的却非常高效,到 50 年代的时候,萨拉查断定所有殖民地居民中有很大比重不情愿为葡萄牙工作。

　　帝国期望着寻找到矿产资源来支持一项复兴葡萄牙工业化的计划。但是所得到的与南非和比属刚果相比却非常稀少。在 1917 年,钻石资源还位于安哥拉一个未被完全征服的角落。葡萄牙向一家与戴尔比斯(De Beers)钻石贸易卡特尔联系密切的公司作出了让步,它在殖民地建立起一种几乎自治的采矿状态。在莫桑比克,丰富的煤矿由一家南非特许商开采来维持蒸汽机车的运行,但是这个地区所有的黄金矿层却在罗得西亚边境的英国这边。在第二次世界大战后,外国特许商在南安哥拉被给予了一条铁路来运输铁矿石,但是这项计划错过了钢铁价格的临时走高期。直到 1954 年后,随着在安哥拉北部卡宾达飞地深海石油的发现,巨大的转变才到来。萨拉查对石油的发现充满矛盾。与其他矿业相比,石油工业更不服从国家控制,而且由外国政治支持的外国资本是实现其潜在价值的唯一途径。最终油井开钻了，一座孤零零的精炼厂在南部葡萄牙的新工业用地上建了起来，希望能加工出石油。但是，不管是在帝国最后的年月，还是在争夺独立安哥拉的控制权的过程中，卡宾达一直牢牢处于海湾石油公司的控制下。

1943年，在萨拉查封闭的帝国世界中，改革迈出了第一步。在意大利，墨索里尼垮台了；在西班牙，佛朗哥继续拒绝以加入轴心国的方式勾销内战中欠德国的债务；在北非，西部的穆斯林归美国入侵者统治，在中东，英国加强了对东部穆斯林石油通道的占有。在里斯本，罗斯·麦考莱夫人①从英国情报部抵达，来试探葡萄牙人究竟更支持希特勒和丘吉尔中的哪一方。尽管她很佩服那些衣衫褴褛、在炙热的鹅卵石上蹦蹦跳跳、看起来能准确无误地判断哪些顾客该给《帝国报》，而哪些顾客会更喜欢《每日快报》的报贩，但她以无可挑剔的学术严谨报告说，她发现很难相信会有很多人真心亲德。然而当萨拉查被迫放弃中立，让英国军队进驻亚速尔群岛的时候，还是让德国社群和他们的中产阶级崇拜者大吃一惊。两年后同样大吃一惊的还有英国社群和合伙人，萨拉查为了哀悼希特勒之死居然在葡萄牙降半旗。从那时起，世界局势急剧变化：1956年，英国在苏伊士运河被打败了，并且决定放弃在非洲的殖民地，甚至走得更远，以至于在60年代把它的首相派到南非去警告那些白人民族主义者，告诉他们，把权力移交给占大多数的黑人是不可避免的。他的政策在开普敦遭到了拒绝，但是却意外地在安哥拉和莫桑比克被毫无疑问地接受了，在那里爆发了一场动乱，做到了欧洲战争没有做到的事：让葡萄牙上流社

---

① 罗斯·麦考莱（1881－1958），英国著名女作家，战时是和平承诺联盟的赞助人。——译者注

会从它那种自鸣得意的状态中醒来。

国内的政治不安比殖民战争的爆发超前了几年。尽管有糟糕的民主记录,葡萄牙在 1955 年还是被联合国接受,因为该国既是白人国家又反共产主义,因此被期待能和华盛顿的拉美卫星国和英国的白人英联邦投出同样的票。1958 年,葡萄牙的西方支持者寻求一些民主进步的迹象,并举行一场总统选举。政府推选了一个很不起眼的海军上将来取代即将离职的总统,因为他显出了令人不安的、意图独断专行的迹象。另一方面,反对派设法找到一位军队履历无可挑剔的将军作为领袖。1943 年,德尔加多将军代表葡萄牙与英国重新进行结盟谈判。现在,以选举所允许、审查所许可的方式,作为一名总统候选人,他宣称如果他当选,将把萨拉查赶下台。经过 30 年如冰河期般的严酷时代,获得投票权的富裕的中产阶级对改变表现出未曾预料到的热情。得票数不得不被篡改,那位大胆的将军被流放,萨拉查对他的痛恨到了丧心病狂的程度,以至于秘密警察最终决定用一个不存在的同谋者会议引诱他去西班牙并暗杀了他。一位高级将领制服独裁的失败唤起了军队中新的政治野心。在 1962 年,一群下级军官策划了一场不周全而且流产的军事政变。然而从那时候起,他们的长官又有了一份新职责——保卫帝国免遭颠覆和侵略。

在舒舒服服拿了 30 年萨拉查给的巨额补贴后,军队返回现役,这开了一个不好的头。萨拉查意识到民族主义的力量在中国不是闹着玩的,于是在 1950 年①与中国就澳门达成了一项务实的协议。这使得澳门在葡萄牙的管理下在财政和博彩业上获得了繁荣。这也允许萨拉查依然自以为他统治的是一个日不落帝国。相反在印度,与民族主义的冲突更加严峻,一场殖民战争导致了立即的失败,留下葡萄牙在

---

① 应为 1952 年的关闸事件。——译者注

那儿舔自己的伤口。尼赫鲁放弃了要求果阿民主化这一道义上崇高的主张，转而攻占了葡萄牙的飞地，使天真的人受到了打击。葡萄牙的溃败揭示了政府和士兵之间巨大的分歧，政府命令要不畏死亡，而士兵们则立刻向势不可挡的印度军队投降。更为可笑的是，惨败还揭示出了将领层的缺乏经验，当被要求送香肠到果阿时，却真送来了猪肉香肠，完全忘记了他们的密码对炮弹的称呼就是"香肠"。因此葡萄牙的前殖民地被指责和闹剧所充斥，而不是人员伤亡。而在非洲，殖民战争将是一件更可怕和长期的事情。

当战争在非洲爆发的时候，既有合理的经济理由，也出于爱国的原因要镇压这次叛乱。自朝鲜战争带来的商品繁荣以来，安哥拉的殖民者发展得尤其蓬勃。咖啡种植园迅速扩张，或为繁荣的基础，把新气象带到葡萄牙城镇。在那里，殖民投机商用岌岌可危的木质脚手架建起了一个个有高层公寓的小街区。在50年代，新一代的移民拖家带口，让葡属非洲的居住人口数量翻了一番，并为葡萄牙的酒和纺织品以及战后经济恢复时期新的消费品创造了一个垄断的市场。遵循着古老的、取悦英国人的虚伪传统，顺带借鉴一下之前法国的热带实践，在非洲的领土被冠冕堂皇地重新命名为"海外省"，被视为构成葡萄牙的一部分而不是受国际监督的殖民地。然而，移民们的行为像殖民者一样，没有任何改革，最终引发了1961年在安哥拉的非洲叛乱。于是他们组织起治安突击队来阻止非洲人宣布独立。然而，他们凶残的努力还不能够制服起义者绝望中的反抗。于是庞大的远征军，不得不首先被派到安哥拉去，接着是去几内亚和莫桑比克，为使帝国能再苟延残喘10年。

在1963年，殖民战争给葡萄牙社会文化带来的剧烈改变要超过1943年的世界大战。在两次世界大战中以爱德华式的孤立和辉煌幸存下来的大资产阶级极端保守的社会传统开始逐渐消散。大量的廉价劳动力因为50年代向殖民地的移民和60年代军队的征召或者征兵过程中的逃亡而不断减少。家政服务变得不那么唾手可得,但太太的女佣们在私人家庭依然得每天工作16小时,穿制服的男童毕恭毕敬地在宾馆门口迎宾。政府停止妓女的注册,废止色情场所的公共卫生执照,这些场所有弦乐四重奏表演,其中的年轻女子迎合了萨拉查上流社会的色情癖好。通过这些举措,政府想表现其社会的现代性。

然而,平民的乐趣还是没有变化——乘坐通向海滩的大游览车,穿着包裹全身的装束不管对男人还是女人依旧是一项社交礼节。尽管社会改革开始了,电车售票员通过向从歌剧院晚归的有闲阶级出售一便士的车票每周还能赚一镑钱。工人们则没能从原始且人浮于事的政府得到任何福利或退休金,并且还有一些人依旧没能接受教育。对一

图42 葡萄牙应征兵和非洲军队的新兵,前景是在1961年至1974年殖民战争期间从解放武装手中缴获的武器。

些游手好闲的人来说，军队看起来是一个颇受欢迎的冒险场，对其他人来说，要在非洲丛林度过4年危险时光的威胁促使他们为逃避这项工作而逃往法国。在这10年结束的时候，有100万葡萄牙人与阿尔及利亚人和土耳其人一起在欧洲大陆工作着。虽然他们的工作时间仍然很长，但是他们已经从等级秩序的压迫中解放出来并且回到家里，而且多少摆脱了一见绅士就抬手致敬的条件反射。他们也对新的文化和经济充满期待。

葡萄牙偏远地区在殖民战争中遭受了特别严重的痛苦。受过教育的城市男人尚有机会成为一名士官，去非洲兼一项差，那些来自北部乡村——那里没有文化的皮匠还在用头顶着他们的商品去最近的公路上叫卖——的农村义务兵，除了饱受非洲的无聊和危险外，也就没有什么可期待的了。当他们离开乡村后，比以前更多的工作就落到了女人肩上。生活是艰难而孤独的。许多被抛弃的情人要么在一个男人越来越少的世界里依旧独守空房，要么就和那些逃避兵役的人一起爬过山去法国寻找工作。当法国的劳动力市场饱和，他们便转向比利时、德国和瑞典去开阔眼界、寻找机遇。成功的移民把他们省下来的钱用在两种形式的高档消费上。一种是买一辆汽车，那些不算非法劳工的人，每个假期都自豪地开车回家去，在邻居们充满嫉妒的注视下停在村子的水泵旁。另一种是在家庭自留地上盖一间混凝土房子。一旦梦想中的房子封顶，在农村通电之前，音响、洗衣机、彩电和电冰箱都被从欧洲搬了回来。与19世纪的巴西移民相比，移民们摆阔型的花费恐怕还不是引发北方改变的一个巨大力量。相反，从法国寄回给农民妈妈的邮政汇款维持着由小块土地、少量的牲口和向教区教堂捐赠的传统构成的新农村经济。

北方的许多妇女，不管是土地上的农民还是在法国的家庭佣人，与那些被解放的城市妇女差别大得不能再大。中产阶级的女儿去大学

图 43 在 20 世纪 60 年代，大约有和所有葡萄牙殖民地加起来差不多的葡萄牙人居住在巴黎或者法国其他地方的棚户贫民窟里。

念书，坐飞机旅行，在殖民地获得称心的工作。非洲开放的边境社会不再有年长女性陪同未婚女子出入社交场合的做法，家里的苦差事由乡下黑人女孩来承担。骑着昂贵的小摩托车驶向热带海滩展现了一种自由，这与在一位保姆尾随下被一位获认可的情郎正式护送去里斯本斗牛场完全不同。全民的足球热情给男男女女带来了不少激动的时刻。随着本菲卡取代皇家马德里成为 60 年代欧洲最受欢迎的球队，这种对足球的热情也超越了阶级的界限。解放了的学生，特别是女学生，尽管对剥夺和压迫的含义没有一点个人经验，也开始大胆地谈论起政治，对以前被禁止的意识形态产生遐想。当革命到来的时候，这群光彩夺目的年轻人涌到街上，与产业工人暂时团结到一起，还一同兴奋地喝着酒。

葡萄牙的社会巨变不仅仅是由前往法国和非洲的移民造成的，更受国内工业化影响。在萨拉查想象中与阿卡迪亚一样如田园诗般永恒的葡萄牙，负担不起一场大战来维持他的殖民帝国。在一种意想不到的灵活性下，他的政治追随者从此转向美国寻求经济现代化的方法。美国，1943年进驻亚速尔群岛基地为英国提供护航后，一直坚定支持着葡萄牙，允许其政权在1945年独裁统治垮台后保留下来，然后把它拉进北约同盟，而最夸张的是允许它在1961年安哥拉动乱发生后保留自己的殖民地。作为回报，葡萄牙修正了它的经济民族主义，向外国投资敞开了国内和殖民地的大门。与此同时，新一代的葡萄牙企业家，受到大银行家族的鼓动，给服务业和制造业的国内投资带来爆发性的增长。在略有松动的政治气候下，纺织、酿酒、电子、塑料、建材、食品加工、国内商品都大大提高了产量，并创造出了一个急于挣脱旧社会约束的微型消费者社会。与此同时，在船厂加工重金属的老工人也开始展示他们的力量，尽管他们自1926年共和国成立时就失去了游行示威的权利，而且迄今也未再次正式获得。

独裁统治最后几年的工业爆发式增长与君主制最后几年的工业大爆发颇为相像。按葡萄牙过去的标准来看，这是戏剧性的，但是仍然落后于对手。19世纪君主制时代的工业化曾经取得了3％的增长率，但是还是不能与沙皇俄国取得的8％的增长率相媲美。在萨拉查治下的经济复苏时期，服装和纺织品在60年代的时候取代了软木和木浆在出口中的地位，此后不久，纺织又超过了食品和农业生产。到70年代，机械和化工也超过了农业出口，然而葡萄牙的财富水平仍然难以赶上法西斯西班牙。工业所有制的局限与工业增长的局限同样突出。10个大家族拥有168家公司，控制着53％的国家财富，而只有1％的葡萄牙人属于少数被选中、拥有体面生活方式的上等阶层。尽管工业所有权集中了，但工业生产却更分散了，甚至在80年代，在经历了一场革命和大规模的国有化计划后，98.5％的公司依旧只雇佣不到500名工人，占压倒性多数的企业都只雇不到50名工人。然而，就算这种有限的规模，鞋厂、精炼糖厂、金属车间和面粉厂的建立还是给那些依旧要费劲把玉米扛到山上的磨坊、年复一年把靴子送到街角的鞋匠那里去修的公众带来了巨大的变化。

工业带给葡萄牙的缓慢社会改变与60年代因为旅游业的兴起而带来的一种更明显的社会变革同时到来。随着北欧国家越发繁荣，人们对阳光明媚的南欧越来越憧憬，这对葡萄牙所确立的社会保守主义构成了严峻的挑战。游览葡萄牙的上流精英总是会得到欢迎。一小群国外君主和朝臣们在埃什托里尔[①]举办舞会，当地精英也带着他们的女儿出席。然而，平民大众的度假又是另外一回事了。大众旅游业是一种获得硬通货的快速方法，但是它给那些原先"很容易统治"的驯服的工人们带来了对物质的渴望。新的音乐、新的服装、新的富裕、新的休闲、新的发型、新的道德观对一个封闭的社会来说都是威胁。然而，葡萄牙缺乏与它未被开发的海滩一样有潜在市场的资源，最终，阿尔加维的旧王国通过一座横贯里斯本河的大桥、一条改进的公路、一条机场的跑道和酒店海外服务的发展而被打开了。新的阳光产业不应该只维持在外国飞地上，葡萄牙投机者和假日制造者也紧紧跟着。当非洲帝国在1974年垮台的时候，殖民老板们把他们没有得到满足的能量投放到旅游产业上来。与一本正经的当地人相比，他们那些豪放不羁的殖民习俗更能满足那些他们既嘲弄又羡慕的游客们的需

[①] 葡萄牙中西部著名海滨旅游胜地，濒临大西洋，附近有埃什托里尔山。——译者注

求。在不把游客赶到布拉瓦海滩或更遥远的零星热带岛屿上的前提下，旅店老板竭力盘剥他们的客户，来自里斯本的中产阶级度假者模仿国外的方式，把社会解放的革命压力又向前推进了一步。

教会慢慢接受了60年代在葡萄牙发生的社会转型。尽管在南方有许多人秘密加入共产党，反对教权至上，但在北方宗教活动在圣日依旧举行，法蒂玛的神力也在继续当道。教皇若昂二十三世以及第二次梵蒂冈教会改革在葡萄牙大多数教会统治阶层中引起了一阵恐慌，所以当教皇在1963年过早逝世时，他们毫不掩饰地舒了一口气。虽然波尔图主教尝试让教会对社会责任产生兴趣，并最终被放逐，但拉美"解放神学"的概念在葡萄牙并不受欢迎。在莫桑比克，一位更为激进的主教，贝拉城主教圣塞巴斯蒂昂·苏亚雷斯·德·瑞森德表现得有点出格，因为没有支持帝国的政治宣传而遭到斥责。教会和帝国之间的关系是一件比较难处理的事。葡萄牙教会在传教领域很少表现积极，而是专注于为移民提供教区服务，把转化和照料黑色人种的任务留给外国牧师或者新教徒。意大利、荷兰和西班牙的传教士不悦地发现，在解放战争期间，他们不得不对抗殖民地政府日益加重的压迫，捍卫他们非洲教徒的福利。那些对种族剥削和压迫所受到的"不忠"指控表示认同的葡萄牙牧师作为严重污蔑者被特别点名。正是教会对在热带地区独裁的谴责吸引了国外对葡萄牙的关注，从而把革命推向一个高潮。

非洲战争给葡萄牙带来了深远的影响。首先，它给政府带来了新生，接着，在1974年，推翻了延续了48年的独裁统治。新生源于一种政治机敏，这在一个老朽的政权下是不可想象的。最重要的是，葡萄牙迫使美国在非洲政策上作出了彻底转变，不再像该国在英、法和比利时殖民地问题上一直坚持的那样支持黑人民族资产阶级的崛起和托管殖民地的解放，而是特许葡萄牙夺回在非洲的殖民地。作为亚速尔群岛空军基地军事续约的交换，美国谨慎地同意把原先用于北大西洋防务的军事装备转用于殖民战争。军队被重新武装起来并被给予进行一场大型战争所需的充足预算。军官也得到提升并被给予在殖民地服役时赚外快的机会。军官们通过操控黑市汇率获益颇丰，以至于一位旅长每次在非洲服役完之后都能造一座很高的公寓楼。与之相反，那些非洲动乱者遭到了入侵殖民军队的残酷镇压，单是在安哥拉就有数以千计的人被杀，更多的人则加入了逃往扎伊尔的难民行列。这几乎掏空了殖民地北方省份的人口，但还留下一股股动乱者，足以让殖民军在此后13年不得脱身——如果不是疲于奔命的话。最大的军事行动是扫荡东部安哥拉辽阔的稀树草原，那里遭到神出鬼没的游击队的渗透。越来越多的巡逻任务由那些花钱雇来的黑人应征兵来承担，让他们保卫殖民地、对抗他们自己的亲戚和家族。

除了重塑军队的自信之外，非洲也刺激了葡萄牙的经济。25万在安哥拉的侨民和移民以及12.5万在莫桑比克的侨民和移民建立起服务业和加工厂，这在其他热带殖民地很少见。建筑业繁盛起来，旅游业拓展到了印度洋上的旅游胜地，航空勘测描绘出了新的畜牧场，巨大的水力发电工程也开始新建，白人农民灌溉水稻田，拖网渔船舱直接冷藏鲜鱼，油井开始产油，酒厂的产量也翻了好几番，帝国每年能出产25万吨咖啡，再把它们换成美元和坚挺的荷兰盾。在60年代的时候，经济泡沫还没有表现出要破裂的迹象来，到1968年，葡萄牙和帝国的管理权四平八稳地从萨拉查转到了卡丹奴手里。尽管经历了严重的中风，这位老人还是活了下来，他的政策也得以延续。军方坚持他的继任者应该是位平民，以便把自己的政治影响力隐藏于幕后。被任命的继任者有点害怕这位上将总统，他似乎有转向左倾的迹象，但最后还是维持原样，如果要说有什么改变的话，也是一种对公众自由更为严格的控制和对机构进行的一点表面上的改变。然而，改革仅仅是被推迟了，70 年代，移民繁荣的小幅度衰退和非洲民族主义的复苏同时发生了——这次不是在安哥拉而是在莫桑比克。

在 60 年代晚期，莫桑比克的解放运动遭到了两个严重的打击：一个是北部省份的解放区有一部分被殖民军队重新占领了，另一个是它的总统爱德华·孟德兰被一份寄到他办公室的邮包炸弹给炸死了。新的军事领导人萨莫拉·马谢尔被选了出来，一种新策略也得以采用，这种新策略旨在袭击莫桑比克的殖民中心，搞垮通向罗得西亚的铁路，阻止旨在向南非提供廉价电力、以确保南非和其欧洲同伴会帮助葡萄牙保护莫桑比克不落于黑人解放者之手的赞比西河大坝的完工。新的非洲民族主义策略获得了部分成功。尽管大坝的修建并没有因此受到耽搁，游击队还是越过了赞比西河，破坏了莫桑比克中部的通讯和生产。殖民地的保安部队感觉受到了羞辱，采用了从越南战场学来的恐怖策略，焚毁村庄，把农民都驱赶围拢到安全区里。传教士向公众披露了大屠杀，将万人坑的挖掘结果记录在案。军队也开始怀疑殖民战争是否如想象中的那么正确。

萨拉查死后对继续殖民最公开的质疑来自一位叫斯皮诺拉的独眼的前骑兵部队将军。他曾经是葡萄牙在几内亚进行第三次非洲战争时的总司令。他开始确信，他的军队无法战胜那些用非正规武器解放自己家乡的坚定理想。他属下的一些军官甚至开始钦佩起对手的政治思想来，尽管这位几内亚将领就像莫桑比克的爱德华·孟德兰那样也被暗杀了，但他关于在一个贫困农业国实现政治解放的著作被认为与葡萄牙自身密切相关。几内亚左翼军官理想主义的质问和莫桑比克战败军官们日益败坏的风气，引发了葡萄牙本土工会主义军官的共鸣。长官们眼巴巴地看着他们在非洲的事业被一群受过良好教育的应征兵所动摇，他们有利可图的晋升机会化为乌有。1974 年 2 月，斯皮诺拉出版了一本书，小心地质问是否一个联邦型社会一定不会比再来一场战争更能给葡萄牙帝国提供一个更加美好的未来。下级军官们在听到这个消息后,在乡村组织起政治集会,避开警方监视机构的耳目,谋定了他们军事政变的计划。在1974年4月25日黎明之前,一个广播站开始播放"博爱的土地"这首歌,坦克纵队开进了里斯本,收到了疯狂的人群送的康乃馨。托马斯总统和他的总理卡丹奴很快被遣送去了巴西。斯皮诺拉将军成了他的信奉马克思主义的晚辈所操纵的傀儡。这种不可想象的事件确实发生了。在接下来的一年半时间里,四月革命激烈地展开,直到被又一场反对派政变所中止,并最终被一个在轻度军事监管下的民主政权所取代。

第七章　民主和欧洲共同市场

1974年的四月革命给葡萄牙带来了一丝欢乐的曙光，一扫长时间来作为其社会标志的忧郁气象。悲伤的法多被限制在旅游胜地演唱，自由的一代则投身20世纪的打击音乐。在里斯本书市上，以前非法出售的书现在充斥着自由大道，这些书的主题在以前是被禁止的，比如说心理学和社会历史，同时也传播着马克思主义和现代小说。共产党组织起盛大的仲夏节，在那里，世界上最著名的音乐组合被邀请了过来，人群漫步在占地数百英亩的货摊前，吃吃喝喝，听着音乐，毫无惧怕地互相表示着亲善，度过了一个个惬意的夜晚。虽然有少数秘密警察被揭露出来并被监禁，但在极度愉快的心情下，人们无暇进行指责和迫害。一些商界的成功人士发现随几名政客暂时前往巴西是有利可图的。士兵们发现要想达成一个稳定的政府组织形式和他们的先辈在1926年时一样困难。一些人热切渴望用新的马克思主义信条来代替旧秩序下的货币主义信条。

最早宣称革命所有权的是共产党。作为一个在整个独裁统治时期幸存下来的秘密的政治力量，他们几乎是绝无仅有的。然而，与欧洲大陆的共产主义者不同，他们没有为了迎合民众而放弃马克思主义的纯粹性和传统底线。

他们英雄般满头白发的领导者库尼亚尔[①]在1960年逃出监狱，流亡莫斯科。在返回时，他受到热烈欢迎，但是他依旧维持着对葡共

[①]　库尼亚尔（1913—2005），前葡共总书记。——译者注

图44 在1974年4月25日没开一枪就占据里斯本街道的年轻军官，他们也变为拥护大规模没收乡村地产的激进支持者。

的专制统治，连赫鲁晓夫时代苏联的温和改革都不认同，更别提西方的欧式共产主义。其坚定的立场对左翼知识分子的吸引力不会比对社会民主党人的更多，而北方天主教省份对其深恶痛绝。

共产党人的得票在选民人数的 1/8 上下波动，主要集中在两大地区。共产党动员的第一个焦点是里斯本的工业区，在那里，工会被归还给了愤怒而急切的工人。另一个共产党人得票比较高的地方是辽阔的南方农场，在那里，天主教力量一直比较弱小，几乎没有任何教士敢带领农民起来反抗无神论的意识形态。而正是在南方，农场的劳工们还记得 50 年前由共和党人提出的那个古老的政治提议：要把土地的控制权从远在他乡的地主那里转移到劳动者手上。

"农业改革"成为四月革命中最活跃的主题之一，但同时也是引起争论最多的。在城镇里，工业家、银行业者和股东们暂时跑到乡村去等待社会剧变的到来，甚至定居到金融环境更为保守的巴西。在葡萄牙本土，共同所有制和国有化问题一直处在长期争斗中。当时，分裂的各政治派别在里斯本的街区上举行示威游行，设计出种种口号，挥舞着装满红色油漆的罐子作为武器。财产所有权的关键改革在远离特茹河的阿连特茹地区被决定下来。在一小段时间内，革命中激进的军官曾委任共产党人执掌农业部。共产党人确实尽心尽力去改善南方庄园上大量农民的生活，可是它对农村社会却毫不了解，一个后来试图驾驭共产党人已经控制不了的土地改革风暴的社会党人农业部长在下面这些经粗浅翻译的文字中回忆了1975年时的情景：

> 在这两年的改革中，胃口一直大得没边，还一直用"可能"这种无法定量的字眼。"现代性"经常等于旧秩序的复辟。解放和报复之间的区别也越来越小。公平和专制之间本来就细微的差别更模糊了。每一件事情都被质疑，不管是社会等级还是倒行逆施的压迫，不管是人权还是共同法制。在这种社会动荡下，甚至对那些以前没有自由的人来说，对于权力的争夺也高过了为自由而奋斗。就像所有革命一样，正义总是与非正义相伴。社会和政治行为变得更加极端，每一场胜利之后都是另一场新的征服。最终在1977年，伴随着进步、退让和妥协，一个明确的、平衡的目标达成了。但是，这种平衡是否能稳固还无法预测。阿连特茹地区的农村雇佣劳动者赢得了一些权利和特权，而土地和灌溉用水所有者则有所损失。中小农民几乎没有赢得任何东西，甚至在地位上还有所下降。革命创造了权利，摧毁了压迫，但是革命的逻辑却并不总是尊重正义。

> 安东尼奥·贝雷托：《农业改革的回忆》（欧洲—美国出版社，里斯本），无日期，第1卷，第14页。

虽然在葡萄牙的大平原上，农民和工人过去曾是土地改革斗争中的对手，但马克思的革命理论使他们结成同盟肩并肩地站在了一起。农民从名义上的"合作化"公社所获甚少，这些公社甚至没能给企业主提供最小规模的资助。共产主义将不管拥有多大规模农场的农场主都视为剥削雇工的"老板"。因此，在地主和劳工的冲突中，佃农和租佃农场主被两边排挤，受到痛苦的压榨。一名这样的佃农以匿名的方式记录下了他的童年：光着脚，披着一个肥料袋作为披肩，走11公里路去学校。在他11岁时，学校的女老师怀孕了，他就成了同学们的老师。他通过沿途搜集软木塞上掉下来的木屑度过了40年代晚期的大饥荒。他知道，一旦被抓住的话，在警察局将会遭到一顿毒打。他和他年迈的佃户父亲一起种植水稻，就是为了让地主不要终止租佃。在60年代劳动力短缺的时候，他的生活开始变好。到70年代，他出租了自己的土地，购买了自己的拖拉机还雇用了25个男劳力。但是突然，在1975年12月，他被看作一个资本家、一个剥削者被赶了出来，来自城里的工人在士兵和大学生的领导下，以革命和改革的名义闯入了他的农场。18个月后，当反革命运动兴起的时候，尽管并不心甘情愿，警察还是帮他恢复了地产。

土地改革计划采用了大量粗劣的口号，没有认识到经济压力已经使一些人的工作条件得到了改善。当劳动力短缺的时候，是很难期望有人会从黎明一直工作到傍晚的，而且在革命开始前，每周48小时工作制已经开始实施了。工资得到上涨而且一些地产管理者采用家长式的管理方式来留住他们最好的工人，或者在他们服完兵役之后再把他们又吸引回来。同时，农场劳工对工会缩短工作时间的提议表示怀疑，担心假如保障一天工作8小时，那么每天有4小时会挨饿。尽管初期进行了一些变革，剥削还是生存了下来，一些南方的劳动力也欢迎把大地产或地产集团改造成集体生产联合体的革命政策，但那些来自城市的士兵强制成立的集体农场却没有兴盛起来，并且熟练的劳动力经常都被那些缺乏工作履历、没有经验的人取代了。在一些集体农庄，管理开始做得很好，为工人提供咨询的范式也很有效地建立了起来。与此同时，国家相关部门也提供资金用于投资和实现机械化。但是，随着信心的增长，投资变得越来越不审慎。1976年二季度的收成预示了一个不好的结果。社会党政府被要求咬紧牙关，他们推翻集体化方案，请回了下地的农场主，甚至还有远在他乡的地主——这招致了共产党人和他们支持者的愤怒。许多劳动者为了生活保障回到了他们以前的农场，并接受了尽管工资增长很多但仍不能赶上通货膨胀这一事实。受意识形态鼓动的士兵们被复员和遣散了，旧的共和宪兵又返回警察岗位上来保护私有财产。

在公有制领域发生的另一个试验是在城镇里，在那里，过渡政府开展了大规模的国有化运动。这个计划引起了巨大的政治论战，或许比土地改革引起的争议更大。四月革命的元勋、独眼将军斯皮诺拉，与葡萄牙大工业家族有着密切的往来。他尝试通过给非洲人民经济满足的方式来使殖民地系统现代化，并说服了他在梅洛（Melo）家族的朋友来支持他的试验，这个家族控制着国家最大的工业联合体，并拥有大规模的殖民投资。这样当革命本身在葡萄牙爆发时，斯皮诺拉方能从一开始就确保温和的工业政策。几个月后，大金融家的利益被围绕在将军周围的同伙们有效保护起来了。然而不久，军官和工会领导人发出了更为激进的声音。斯皮诺拉尝试号召"沉默的大多数"于1974年12月举行游行去抵制无政府主义和联合工会势力不断高涨的抗议，以此使后者闭嘴，但他走右翼民粹主义道路的试验失败了，也辞去了总统的职务。他接下来计划在1975年3月11日发动一场军事政变，但又失败了，并暂时逃到西班牙。在这次新的右倾威胁之后，四月暴乱的左翼军官们现在自称为"武装力量运动"，并加强了对政府的把持，一系列共产主义国有化政策被采纳，远远超出了国有化的初衷：由政府对水电等公用事业的私人垄断加以控制。

在为了工人和社会整体的利益所进行的征收行动中，梅洛的商业帝国是最显著的目标，那也是斯皮诺拉曾竭力保护的对象。它是伊比

图45 马里奥·苏亚雷斯是在独裁统治时期被迫害的民主派成员，1974年革命后成为立场灵活的社会民主党人，后在1986年至1996年间担任家长式的第二共和国总统。

利亚半岛上最大的财政联合体,持有全葡萄牙10%的股份资本。其他实质垄断银行业和保险业的家族式网络则按照正当法律程序被国有化了。过去的金融巨头还控制了出版业,因此该产业也落入政府手中,尽管政府尝试用来做政治宣传,但对于几乎没有文化的乡下人或者习惯于报纸上的谎言、不会轻易上当的城市读者收效甚微。国家控制越来越变本加厉,直到1975年夏季,革命达到高潮,并且扩展到炼油、轧钢、烟草包装、啤酒酿造、化肥生产、造船和药品销售领域,更不用说公路、铁路和航空运输业。大约20%的葡萄牙工业变成政府所有或者是由政府经营,老的中产阶级如此惧怕政府力量的增长,以至于多达1万户个体所有者和股东离开,去了巴西和欧洲,操作者和管理者的离去使国家专业技术人才极度短缺,以至于不能充分地管理国家各个部门。国有化计划,就像农业改革计划一样,不得不在1976年被撤销。社会党人担任部长,取代了以前在临时革命内阁中的共产党人,他们呼吁那些工业家族能从巴西回来,让这个教育和专业基础薄弱的国家重获只有资本主义才能提供的技术。

革命极端主义者无法获得全面支持的第一个标志出现在1975年4月25日,掌权的军方为了使革命制度化并为制定一部民主宪法做准备,举行了一次立宪议会选举。他们想以此来庆祝四月政变一周年。当选举开始计票的时候,他们吃惊地发现,极左派力量,比如基督教权利党,几乎被各派社会民主党人所压倒。最大的赢家是马里奥·苏亚雷斯,他是共和党派政治家警察的儿子,父亲曾经获得过坏名声。那时,因为他向海外宣传旧政权的道德是多么虚伪,给葡萄牙抹了黑,萨拉查把他放逐到非洲的圣多美岛上。但是,社会党人的胜利还不够赢得对军队控制下的政府的绝对掌握。认识到自身政治实力的不足,苏亚雷斯不久辞去了他在内阁中的职位。他进一步行动,领导了一起贯穿里斯本的示威游行,抗议共产党员工代表在社会党出版社中的所谓干涉。随着军队在对农业和工业的介入中越来越走向极端，权力中心的政治家们也开始秘密谈判，寻找可替代的选择。他们甚至探讨了和苏亚雷斯社会党人以及围绕在斯皮诺拉周围的保守派放逐者达成协议的可能。然而，最后给由共产党平民和军官组成的执政联盟画上句号的并不是这些政治家们，而是一股军队内部的温和派。极端主义结束于 1975 年 11 月 25 日，安东尼奥·罗马里奥·埃内斯在一场驱逐了军官的军事政变后获得了政治支配地位，随后不久，他成为将军并当选共和国非行政总统。5 个月后，在四月革命两周年的时候，马里奥·苏亚雷斯被选为葡萄牙 49 年又 11 个月来第一位民选总理。

图 46　安东尼奥·埃内斯上校在 1975 年下半年结束了军政府专政，并于 1976 年被选为国家总统，农场的工人们在政治集会上接受了他关于国家稳定安全的承诺。

在为期两年的革命中，全世界都带着希望和焦虑，注视着革命的方方面面。在试图维护萨拉查传统的寡头统治垮台时，各国外交机构措手不及。秘密情报机构掌握的信息同样不足,美国中情局甚至更倾向于相信本国关于葡萄牙正在赢得莫桑比克殖民战争的宣传。在另一方面,金融界则料到了这种改变。在革命前5天,由荷兰女王的丈夫支持召开的西方财长会议听取了与斯皮诺拉关系密切的里斯本港口执行官去发动一场政变的可能性。两天后,在伦敦改革俱乐部吃饭的银行家们也都对在莫桑比克即将发生的政变很感兴趣。但是令人吃惊的是,他们从容不迫地预言,这种政变将从里斯本开始。当政变开始的时候,美国开始关注起这个能接触到北约军事情报的盟友来,担心它会不会接受一个共产党人进入它的内阁。葡萄牙新政府,不管是对还是错,开始害怕起美国像在拉美那样进行干涉的可能性来。然而,美国大使是一个非常精明的人,他经历了桑给巴尔革命,后来成为美国的国防部长。他显然建议采取一种耐心关注的态度,在当时华盛顿和莫斯科正处于对峙的氛围下不采取任何行动。后来革命也正如他之前所预计的那样偃旗息鼓了。美国的干涉倒很有可能重振共产党的声望,但是葡萄牙共产党和莫斯科之间的紧密联系却可能削弱了人们对它政治成就的期待。共产党曾获得15%的民意支持,这是公共声望的顶点,后逐渐降低。

不管是偶然还是其他原因,终结革命的反对派仅仅出现于殖民帝国最终消亡的两周之前。决定如何处理这场殖民战争成为摆在试图驾驭革命的临时内阁面前最重要、最紧急的政治决策。他们作出军事决定时,殖民地的雇佣军,不管白人还是黑人,都拒绝继续为帝国而战。在那些民族主义的对手较易确定的非洲地区,停火可以很快达成。几内亚在几周后就获得独立保证,在几个月内莫桑比克也赢得独立。经历了数年激烈的战争后,这场转变来得如此平和,令人吃惊,社会改革最初也显得温和且不分种族。在安哥拉,情况更为复杂,涉及的经济利益也高得多。葡萄牙准备建立一个三个主要非洲政党的联盟，这样就能形成一个政府，在其中，移民就能作为第四种力量保持住权力的平衡。可惜这种策略失败了，在1975年7月，90%的移民愤怒地离去，打包带走了他们所能装进箱子里的一切东西，把绝大多数不能带走的东西也愤怒地毁掉了。殖民者被三支由三个对立非洲政党所召来的远征军所取代，因为外国干涉而愈演愈烈的内战也接着发生。葡萄牙放弃了调停的努力，并于1975年11月11日在夜幕掩护下撤回了它的最后一个士兵，它在非洲的最后一任总督宣称他已经将权力移交给"全体安哥拉人民"而不是其中某一个政党。那些住在首都的"人民"一觉醒来发现扎伊尔和南非的军队正在家门口用重炮轰击，有几千名支持解放运动"大众"阵营的葡萄牙人留了下来，在他们的鼓舞下，一些古巴军队坚守城内。

帝国的遗产之一便是有大量外裔人口返回葡萄牙。在18世纪至20世纪中叶，黑人在里斯本是非常少的，即便是来的那些也都是混血的殖民地上层阶层，到这来寻求大学教育或者在殖民管理学校里接受训练的。在20世纪70年代，来自殖民地的移民被大量接纳了，尤其是那些被影响他们近海岛屿的可怕的萨赫勒[①]旱灾所打击的佛得角人。经济难民并不都能到达他们想去的地方，即新英格兰旧捕鲸据点的亲戚那儿，因此他们被允许驶往葡萄牙。在那里，他们取代了一些已经前往法国的移民，寻找安身立命的工作，比如廉价的临时工和佣人。他们住在里斯本市郊的棚户区里或者住在旧城昏暗的廉价公寓里。随着帝国的崩塌，佛得角人加入了喧嚣拥挤的城市贫民窟和近郊的渔村。大约50万人突然从天而降，来到了这个欧洲最穷但也许风景最好的首都城市。那些通常没有受过教育的白人返乡客和黑人难民

[①] 阿拉伯语意为"沙漠之边"，指非洲苏丹草原带北部一条宽320－480公里的地带，是由典型的热带草原向撒哈拉沙漠过渡的地带。——译者注

与土著穷人在收入微薄、技术含量极低的工作中竞争,例如用小锤子整修马赛克人行道。年轻的返乡客力图用现代非洲打击音乐给城市带来活力,这些音乐后来风靡欧洲。

不断返回的帝国的失业者使得在住房领域业已严重的社会问题凸显出来。到1974年,将近30%的葡萄牙人口缺乏达到最低标准的体面住房。20世纪60年代的经济发展给里斯本和波尔图的城市带来了大量的资金,把里斯本南部的塞图巴尔从一个旧渔港转变为葡萄牙第三大城市。当政治沉寂的年月终结后,当地的城市商会很快动员起来寻来社会重建的计划。居民委员会以一种工业界工会谈判代表和农业劳动者都没达到的方式跨越了阶级隔阂,通过了行动计划。他们致力于控制租金,相信理想家庭在住房上的花费不应该超过收入的10%。为了克服严重短缺,他们管理那些革命中逃亡的业主所抛弃的空房子的占用和分配。这些基层政治家受到武装力量运动的支持,并且试图夺取城市和国家都不能履行的管理角色。街道委员会大力推广改善健康和照顾儿童的项目,并且通过活跃的家庭单元组织了一个互助计划。每个人都有自己的观点,都投身到无休止的讨论中,这成为新民主政治的基础。这就是开放论坛的成功之处,不同也能得到调和,在革命中武器始终没有被使用。

革命后的葡萄牙并没有认真考虑以"新殖民主义"法兰西帝国的方式恢复它在非洲的权益。尽管有一些与刚果-扎伊尔做贸易的商人和一些在葡萄牙过得不是很好的商业返乡客又去南非安了家,但是一种深刻的国家失忆几乎遮盖了与非洲有关的一切。在里斯本的民主派领导当中,社会党人对他们之前在非洲的党羽不再抱有希望,工业领导者则死盯欧洲。仅仅经过了10年,以商业为导向的政府又开始介入前殖民地的政治。在莫桑比克有一家葡萄牙公司负责管理赞比西河水电计划,因此葡萄牙希望设法结束造成不稳定的战争,以便重新修建通往比勒陀利亚的输电线，重新开辟国家收入来源。莫桑比克的民族主义政府逐渐把它平等主义的理想放到一边，开始对国外资本作出让步。在 1991 年，葡萄牙与莫桑比克在意大利和梵蒂冈的支持下达成了政治妥协，而正是这份妥协实现停火并打开了这个葡语共和国的贸易和投资大门。作为葡萄牙人的对手，在前罗得西亚和南非持有利益的英国大亨也想分一杯羹。在对非洲进行经济瓜分的新一轮狂潮中，莫桑比克被吸收进了英联邦，尽管它坚持使用葡萄牙语作为官方和商业用语。

与莫桑比克相比，安哥拉是一个更引人注意的新殖民目标，但是那里的竞争也更为激烈。从 20 世纪 80 年代晚期开始，南非在安哥拉境内的军事失败、非洲主要冷战成员苏联的瓦解、4 万名古巴士兵和非军事辅助人员的撤离，看样子都为葡萄牙重返安哥拉铺平了道路。许多前葡萄牙殖民地的移民、军官和工业家一直以来都表现出一种强烈的意识形态倾向，但不是官方意识形态，而是在第一场后殖民时代内战中接受美国帮助的反对派的意识形态。然而，更为现实的是，潜在的经济合作者看出，无论是油井、城市管理、苏联装备的空军还是工业疲敝的、规模膨大的首都，都受准马克思主义政府的控制，虽然美国与该政府关系不佳，但葡萄牙还维持着冷淡但正确的关系。结束城市和乡村之间、亲美和亲苏派之间、说葡萄牙语的中产阶级和说方言的农民与部落酋长之间激烈冲突的期望，使在城市长大的安哥拉政治家们再一次对着葡萄牙在 1975 年放弃的不切实际的发展计划产生梦想。烧毁的种植园、被遗弃的矿场，没有完工的灌溉水坝似乎都保留着潜力。安哥拉主动招手，葡萄牙也渴望带来和平，以有利的条件获得新旧财源。第一份富有前途的和平协议在苏联、美国和葡萄牙三方的努力下达成了。随后，安哥拉迎来了该国第一次民主政治实践。1992 年，前马克思主义执政党在联合国精心安排的议会选举中获胜。

然而，全副武装的反对派拒绝承认他们的失败，安哥拉又陷入两场内战中。直到 2002 年，由于采取在不满的偏远省份制造饥荒的残忍战术，叛乱首领乔纳斯·萨文比最终山穷水尽并被杀死。之后葡萄牙尽力使用外交手腕和言辞来挤压法国对手，渴望成为安哥拉进入欧盟的桥头堡，以此来获得这个前殖民地的近海油井和海岸上的钻石矿。

在 1974 年革命后，葡萄牙在世界上的地位看起来在逐渐改变。这个国家作为一个背离了伊比利亚王室联盟的独立王国在 1640 年开始了它的现代生活。此后，一段长时间的对经济生存能力的探寻导致了两个帝国的建立，一个在美洲，一个在非洲。在 17 世纪晚期、18 世纪晚期和 19 世纪晚期经历了三次不成功的工业化尝试，最终与英国结成了紧密的联系，来保证葡萄牙优质酒类的销路。在 20 世纪 80 年代，景象完全改变了。在巴西的美洲帝国基本被遗忘，尽管电视的出现给葡萄牙人的荧屏带来了如潮水般的巴西电视剧。非洲至少暂时淡出了视野，尽管随着后殖民战争的拖延它继续出现在电视新闻里。对于大多数葡萄牙人来说，非洲的现实几乎不影响政治生活，而那些参加过丛林战争的一代人也选择压抑苦涩、遗忘过去。年轻人甚至声称对最近一段的殖民历史一无所知。在过去几世纪力图使葡萄牙工业化的老一代经济学家成为学院派历史学家分析探讨的流行话题。但是 20 世纪中叶的工业在结构上通常是多国家的，因此并不能成为本国骄傲的资本。英国人以一种傲慢的、准殖民的外国绅士的形象存留在民间记忆里，半带嘲弄的尊敬是他们应得的对待。但是随着以米为度量衡的计量体系取代了磅和平方英寸，在贸易和技术领域广泛的英国影响迅速消失了。然而，在通过激烈斗争获得独立的三个半世纪后，最大的改变，是与西班牙紧密关系的修复。

30 年代，当葡萄牙和西班牙都处于对法西斯力量表示谨慎同情的独裁统治下时，两国的联系本有望有所修复，但这并没有发生，尽管萨拉查的确帮助佛朗哥赢得了内战，而且当萨拉查将一批里斯本难民流放到马德里作为杀鸡儆猴的惩戒，还混进一些让他头疼的强硬分子时，佛朗哥也没有深究。然而两位独裁者都是坚定的民族主义者，这就把问题留给了他们的继任者——社会民主党人和民主社会党人，就算不恢复友谊，也要恢复合作。新的伊比利亚自由贸易协定使西班牙与葡萄牙之间的贸易超过了之前西班牙与前西属美洲帝国的贸易，与此同时，葡萄牙与西班牙的贸易额也开始超过它与巴西的贸易。1985年后，西班牙开始在葡萄牙进行投资，不久，更多的西班牙资本涌入了葡萄牙，要超过任何其他国家。西班牙游客被葡萄牙低廉的价格所吸引，超过了其他国家游客人数的总和。尽管在去西班牙的游客人数上，葡萄牙可以和英国相竞争了，但是在相邻的两个伊比利亚国家之间还是出现了10亿美元的贸易差额。原本期望更加紧密的联系能使双方受益，甚至制订了建设高速公路将安达卢西亚繁荣的南部城市与葡萄牙相连接的计划。然而，货物和人的流动被西班牙资本的流动所超过了，因为西班牙公司想从只相当于本国一半的葡萄牙工资水平中获益。那些革命后回到私人所有者手中的葡萄牙银行纷纷倒闭，他们面临着来自入侵的西班牙银行的威胁。在新的氛围下，有关渔场和纺织税的旧纷争必须得到解决。最后，曾被放逐到葡萄牙、在那里度过童年的西班牙国王得以故地重游进行一次国事访问，他对巴塔利亚大教堂非常景仰，那是葡萄牙的国家标志，修建于6个世纪之前，用来纪念在1385年成功挫败卡斯蒂利亚人统一伊比利亚的野心。

与西班牙的新关系只是80年代的转变之一。1983年的时候发生了小小的耽搁，那时，保守派领导人突然死亡，随后保守派政府也垮台了。但是，社会党人领导的回归并没有带来任何革命的旧火种。激进的士兵实际上已经远离了政治，大多数葡萄牙劳动者也倾向于加入非共产主义的工会，这些工会能够平静理智地接受企业定期缩减开支的要求。在后革命时代的葡萄牙，最重要的改革年份是在1986年。它标志着10年"试行"民主期的结束，在这10年里，一群保守派军官一直对政治家保持着监视。那个在1975年领导反政变的上校，安东尼奥·埃内斯，完成了他作为第二共和国民选总统的第二个五年任期。产生于1974年激进军事传统的革命委员会逐渐消失，文官统治变得根深蒂固。1986年选出的新总统是老道的民主社会党人马里奥·苏亚雷斯，他击败了保守党竞争对手，成为一个为全体葡萄牙人民服务的无党派的总统。作为在旧独裁统治下长期存在的呼吁民主的声音，苏亚雷斯被证明是一个那么受欢迎和尊敬的人物，在第一个任期就表现出高超的内阁技巧，在无政府主义者、共产党人、军国主义者和前法西斯主义者各派之间编织起一条中间路线——1991年，在一片喝彩声中他再一次当选总统，开始了第二个总统任期。

在议会方面，1986年也是一个改革之年，几个月前，一位年轻粗鲁的经济学家，卡瓦科·席尔瓦（Cavaco Silva）被选举为总理。卡瓦科曾在撒切尔夫人执政时期的英国接受培训，他的执政为葡萄牙指明了一条新的发展方向。那些曾部分根除萨拉查执政晚期和卡埃塔诺最后时期不人道的严酷统治的社会党人和半社会党人政策被流行的欧洲保守主义所取代了。新的思想家相信，葡萄牙长期所缺少的服务最可靠的提供者不是政府，而是商业。不仅仅是银行和国家工业要实行私有化，而且那些从未落入私人之手的公共服务设施也被出售给那些再一次获得青睐的工商业巨头。卡瓦科驾驭着一波经济增长的大潮，这掩盖了一些经济变革中的阵痛。所以他能又赢得两次大选，也成为葡萄牙第一个赢得议会大多数的总理。他与老的社会党总统同台执政，带来了10年的政治稳定和巩固。据说，法西斯主义者在经济管制时期存下来的700吨黄金储备是这份稳定的基石，而且之前的社会党人没有为自己的社会和政治重建试验动用这笔储备。

1986年不仅仅带来了一位新的民选总统和一个新的保守派总理，同时也带来了一系列新的经济挑战和机遇。当帝国熬过了后殖民时代死亡的阵痛，葡萄牙开始在革命的余波中寻找机会。20世纪70年代中叶，葡萄牙开始疏远非洲，努力融入一个新的欧洲。在70年代晚期，社会党人政府提出了加入欧洲共同市场的申请。在80年代早期，由一些复职政治家领导的保守派政府开始了艰难的谈判。他们在革命前政权最后一届"议会"中曾是一个小的"自由派"。在人们看来，1986年成功融入欧洲既是一种民主化的体面标志，又可以打开新的经济之门。尽管葡萄牙的确在敏感的地中海农业领域构成了一些竞争，但布鲁塞尔并没有预料到葡萄牙会是一个难以消化的国家，因为整个葡萄牙的国内产值仅相当于欧洲总产值的1%。在农业领域，新的自由给葡萄牙乡村带来的最大的变化就是生产合作的进化，尤其是在酿酒业。以前那些销路依赖于剥削的私人企业家的农民现在获得了以政府资助的农业扩展计划为支撑的对社会负责的市场体系。葡萄牙酒类品质提高，农民生活水平也随之略有改善。葡萄牙的人均国民产值，尽管仅是西班牙人的一半和其他欧洲国家的三分之一，但在80年代也增加到近5 000美元，是痛苦战后岁月中人均每年500美元的10倍。

在1986年的时候葡萄牙终于得以加入欧洲共同市场（不久改为欧盟）。这种整合伴随着持续了近10年时间的经济繁荣，这给葡萄牙的面貌带来了大量可见的改观。国家第一条上千英里的高速公路大大改变了以前仅仅依赖于吱嘎作响的铁路和鹅卵石铺成的公路的交通基础设施。欧洲现代化的最大受益者是那些居住在沿海城镇的居民而不是那些住在山地和边陲的半被忽视的人。城市迅速从有轨电车时代转到汽车时代，没有接受荷兰式的自行车，也没有采用意大利式的小型摩托。当城市被汽车革命弄得拥堵不堪时，大众公司用来自欧盟的

10亿欧元的丰厚补贴金建造了一座工厂。好年景也被50万涌入劳动力市场的殖民地移民和军队士兵所推动着，他们大多从非洲回来，希望能在急速增长的服务业和建筑业找到工作。改变最富戏剧性的标志是欧洲最大的铜矿的开发，但是当产量达到15万吨的时候，商品价格降低了，葡萄牙和欧洲的蜜月也就结束了。

90年代中期见证了葡萄牙和来自地中海地区的其他后进欧盟国家享有的传统财政特权的终结。基础设施领域可见的变化并没有伴随任何经济结构的显著进步。尽管经济增长率暂时保持高速，但葡萄牙从来没有能像法国那样利用好欧盟农业补贴的巨大福利。葡萄牙的农场业大幅度下降。在60年代葡萄牙国民收入的四分之一来自农场和捕鱼业，但是，到2000年，由于过时的土地所有制、古老的农场生产方式、一种不经济的小船捕鱼方式使得葡萄牙传统工业占国民产值的比重降到了不到4%。一些增长出现在林业，巨大的橡树和松树林通过种植59万棵桉树得以补充。另一方面，农民生产葡萄牙不到一半的食物，甚至动物饲料都有赖于从国外进口。同时，旅游业要给来自西班牙的一日游游客和400万海外葡萄牙人中一些回家度假的人提供食宿，在提供国家收入和就业两方面的作用都超过了农业。在阿尔加维南部的海滩上，旅游业也迎接着100万左右的英国人和来自北部的其他游客。在21世纪刚开始的时候，一些高档的旅游发展增加了葡萄牙充满艺术气息的大量古老遗产的商业价值。尽管有从农业向服务业的转变，但葡萄牙的工资依旧不高，与欧洲平均的21欧元相比，葡萄牙每小时的平均工资仅仅维持在7欧元。即使低物价给葡萄牙人提供了更景气的购买能力，葡萄牙的平均国民财富也仅仅维持在爱尔兰的一半。

生产者中的贫困正好与服务提供者中的低生产力相匹配。欧洲整合初期的激动时刻并没有导致人类发展指数的任何快速增长。在

1991年，官方统计数字指出至少20万儿童从事像成年人那样的全日制工作，失去了受教育的机会，也没有得到成年人那样的报酬。在接下来的10年里，一半葡萄牙儿童仍在14岁的时候离开学校。这些儿童的健康指数（包括他们的父母）远远落后于其他西方国家，尽管新生儿死亡率从10‰下降到了5‰。那些完成中学课程的青少年有时被迫去私立院校接受进一步培训。三分之一的葡萄牙大学生在独立学院入学。在1995年的时候，当对健康和教育基础设施缺乏的不满混合着经济的下滑，选民们最终拒绝了保守党而转向社会党人，选他们上台执政。然而，在经济不景气的时候进行管理结构的改革可不是一件简单的工作，就算政府有意增加花费也不能补偿葡萄牙人浮于事的官僚机构的低效工作。2002年，趋势再次改变，新一届保守派政府承诺解决健康医疗服务的危机，如果有必要的话，将采取把医院卖给营利性经济实体的手段。

当政府竭力加强经济产量并节省基于税收的社会服务时，葡萄牙度过了一段追寻民族精神的阶段。加入欧盟实质上抹除了存在了8个世纪之久的国家边界。按一位幽默作家的说法，西班牙总是觉得葡萄牙与直布罗陀一样落后于时代，而该国仍在利用新开放的边界为自己谋利。葡萄牙支离破碎的投资结构吸引了外国的投资者，他们购买土地的同时也进行着金融领域的投资。然而，较低的工资并没有将投资商们明显地吸引到制造业中去，同时，低成本的国际制造业和装配业仍然持续不断地迁离地中海周边，移向亚洲地区。随着"铁幕"的瓦解，葡萄牙至关重要的纺织业、服装业和鞋业制造领域，开始对外开放并受到东欧工厂的强烈冲击，这些企业可以更为便利地占领德国广大的消费市场。一方面为了保护葡萄牙的民族意识，一方面为了宣传它经济的现代化，一场世界贸易博览会于1998年在里斯本举行，将城市的创新带到北部乡村。横贯塔霍河的新桥的落成开通也在同一时间，这座桥把城市与在东边的遥远的工业化郊区连接在一起。葡萄牙 1 000 万总人口中将近有 200 万人现在居住在这座大都市及其周围。尽管其中许多人很贫困，但他们现在享有现代民主生活。而且其中一些已经和那些流散在西欧各地的葡萄牙人类似，具备城市化的文化观念。然而，反观乡下省份，葡萄牙依旧保持着一种完全属于自己的独特的农村活力。尽管地里的工作依旧那么艰难，家族依旧保持着强大和凝聚力。在大团圆的时候，一家人享用着葡萄牙独特的烂鱼炖、烤山羊，喝着浓郁的红酒。朋友和在海外赚钱的家庭会在节日和特别的日子到访，使多姿多彩的传统节日更加热闹和丰富。葡萄牙文化和习俗在 21 世纪依旧保持着旺盛的活力。

阿维斯、贝贾和哈布斯堡家族世系表

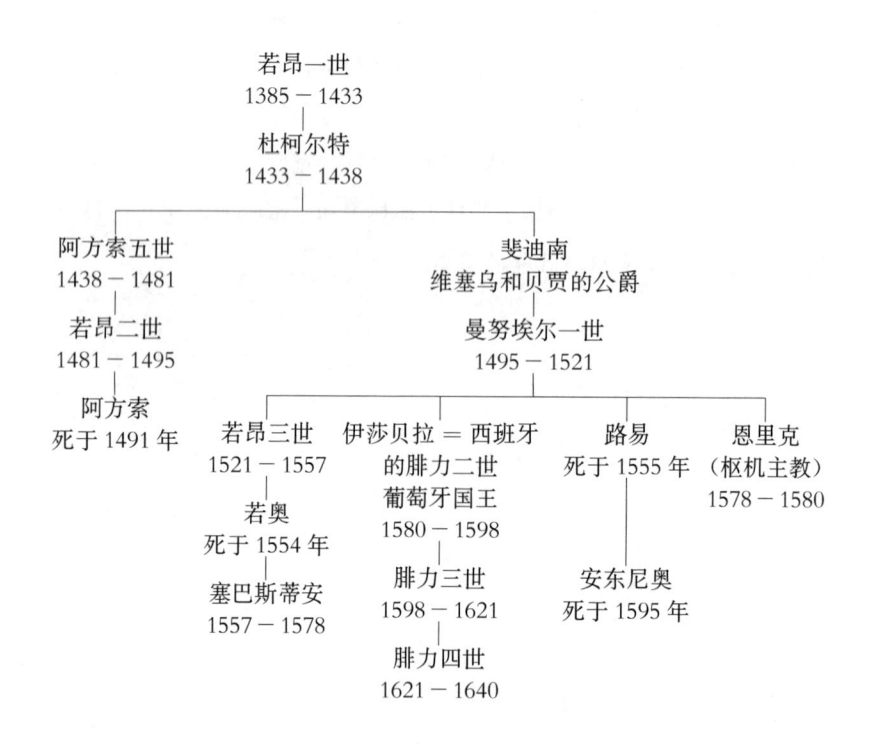

若昂一世
1385 — 1433

杜柯尔特
1433 — 1438

阿方索五世
1438 — 1481

若昂二世
1481 — 1495

阿方索
死于 1491 年

斐迪南
维塞乌和贝贾的公爵

曼努埃尔一世
1495 — 1521

若昂三世
1521 — 1557

若奥
死于 1554 年

塞巴斯蒂安
1557 — 1578

伊莎贝拉 = 西班牙的腓力二世
葡萄牙国王
1580 — 1598

腓力三世
1598 — 1621

腓力四世
1621 — 1640

路易
死于 1555 年

安东尼奥
死于 1595 年

恩里克
（枢机主教）
1578 — 1580

布拉干萨和布拉干萨-萨克斯-科堡家族世系表

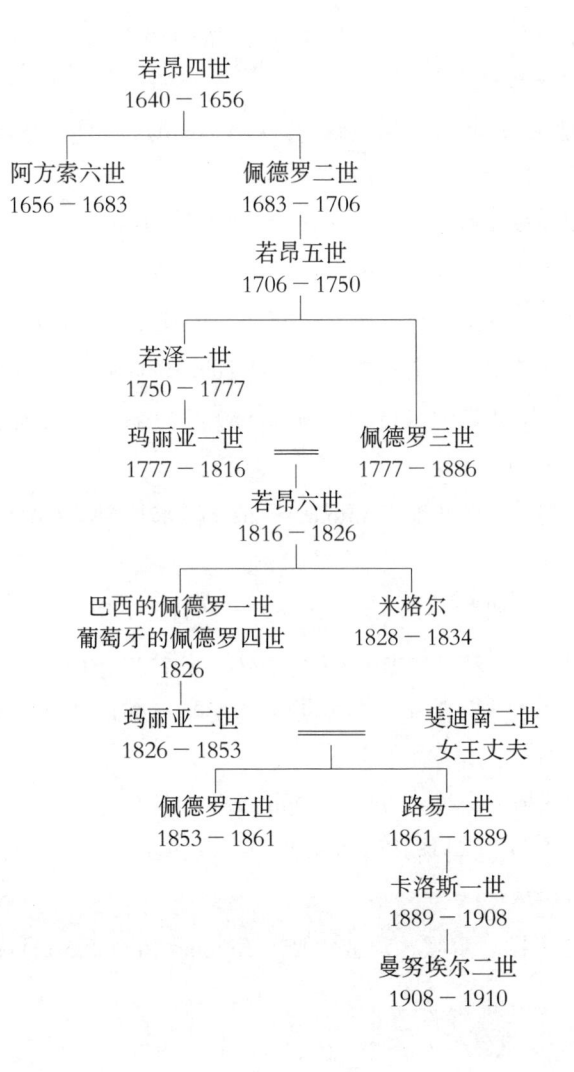

若昂四世
1640－1656

阿方索六世
1656－1683

佩德罗二世
1683－1706

若昂五世
1706－1750

若泽一世
1750－1777

玛丽亚一世 ══ 佩德罗三世
1777－1816   1777－1886

若昂六世
1816－1826

巴西的佩德罗一世
葡萄牙的佩德罗四世
1826

米格尔
1828－1834

玛丽亚二世 ══ 斐迪南二世
1826－1853   女王丈夫

佩德罗五世
1853－1861

路易一世
1861－1889

卡洛斯一世
1889－1908

曼努埃尔二世
1908－1910

葡萄牙共和国历任总统

特奥菲洛·布拉加（Teófilo Braga） 1910－1911，1915

曼努埃尔·德·阿里亚加（Manuel de Arriaga） 1911－1915

贝纳尔迪诺·吉马良斯（Bernardino Guimaraes） 1915－1917，1925－1926

西多尼奥·皮亚斯（Sidónio Pais） 1917－1918

若昂·安图内斯（João Antunes） 1918－1919

安东尼奥·德·阿尔美达（António de Almeida） 1919－1923

曼努埃尔·特谢拉·戈麦斯（Manuel Teixeira Gomes） 1923－1925

奥斯卡·卡尔莫纳（Oscar Carmona） （首相，后任总统） 1926－1951

　　［安东尼奥·萨拉查（António Salazar）（部长会议主席） 1932－1968］

克拉维罗·洛佩斯（Craveiro Lopes） 1951－1958

阿梅里科·托马斯（Américo Thómaz） 1958－1974

　　［马赛罗·卡埃塔诺（Marcello Caetano）（部长会议主席）1968－1974］

安东尼奥·斯皮诺拉（António Spínola） 1974

弗朗西斯科·达科斯塔·戈麦斯（Francisco da Costa Gomes） 1974－1976

安东尼奥·拉马尔霍·埃亚内斯（António Ramalho Eanes）1976－1986

马里奥·苏亚雷斯（Mário Soares）　　1986－1996

　　［阿尼巴尔·卡瓦科·席尔瓦 Anibal Cavaco Silva（总理）1985－1995］

若尔热·桑帕约（Jorge Sampaio）　　1996－2006

　　［安东尼奥－古特瑞斯 António Guterres（总理）　1995－2002］

若泽·杜朗·巴罗佐（José Durão Barroso）　　2002－

阿尼巴尔·卡瓦科·席尔瓦（Aníbal Cavaco Silva）　　2006－

译 校 说 明

本书的译校是多人合作的结果，具体分工如下：

导言、第一至三章：佟悦初译，周巩固、周文清重译并校对。

第四、第五章：周巩固、周晶译，周文清校。

第六、第七章：周文清译，周巩固校。

附录及书后索引：周文清译，周巩固校。

在译校过程中，还得到以下人士的大力帮助：天津外国语学院葡萄牙语教研室的杨舒讲师耐心为译者解答了附录中有关葡萄牙语的翻译问题。东北师大硕士研究生季凤梁同学和张学敏同学通读了全部译稿并非常细致地提出了宝贵的修改意见，最终由周文清、周巩固校对定稿。